AF276880

Kierkegaard, las situaciones decisivas y lo Absoluto

En la edición de este libro ha colaborado el proyecto de investigación «Existencia estética e ironía» (Ref. PID2020-115212GB-I00), financiado por el Ministerio de Ciencia, Innovación y Universidades.

1.ª edición, 2025

© Ángel Enrique Garrido Maturano
© Guillermo Escolar Editor S.L.
  Avda. Ntra. Sra. de Fátima 38, 5ºB
  28047 Madrid
  info@guillermoescolareditor.com
  www.guillermoescolareditor.com

Diseño de cubierta: Javier Suárez
Maquetación: Equipo de Guillermo Escolar Editor

ISBN: 979-13-87789-00-8
Depósito legal: M-7880-2025

Impreso en España / Printed in Spain

Reservados todos los derechos. De acuerdo con lo dispuesto en el Código Penal, podrán ser castigados con penas de multa y privación de libertad quienes, sin la preceptiva autorización, reproduzcan o plagien, en todo o en parte, una obra literaria, artística o científica, fijada en cualquier tipo de soporte.

Ángel Enrique Garrido Maturano

Kierkegaard, las situaciones decisivas y lo Absoluto

Un comentario filosófico a
Tres discursos para ocasiones supuestas

Guillermo Escolar
E D I T O R
Análisis y crítica

Es pecado el adiós si es para siempre
Naguib Mahfuz, *Entre dos palacios.*

La majestad divina menosprecia la visible, la falsa espectacularidad; la solemnidad del cielo estrellado es infinitamente modesta.
Søren Kierkegaard, *Los lirios del campo y las aves del cielo.*

NOTA PRELIMINAR

En 2010 la editorial Trotta publicó en Madrid el volumen 5 de los *Escritos de Søren Kierkegaard* que contiene una excelente traducción al español de los *Tres discursos para ocasiones supuestas* a cargo de Darío González. Ofrecemos hoy aquí al lector en lengua española un primer comentario filosófico integral a estos célebres discursos. Por una exigencia de sinceridad quisiera comenzar aclarándole a ese eventual lector lo que este comentario no es. Y no es, por cierto, un texto de espiritualidad, destinado a edificar y promover los mejores sentimientos religiosos del cristiano. Quien busque en él tal cosa saldrá lamentablemente decepcionado. Tampoco es un estudio histórico, erudito y detallado de los tres discursos escritos por el autor danés, por lo que puede desencantar a aquel riguroso especialista que se encuentre en la búsqueda de un instrumento filológico de investigación académica. Menos aún responde a la pretensión pedagógica de explicitar, desarrollar y reconstruir con los propios términos lo que Kierkegaard verdaderamente «quiso decir», porque lo que Kierkegaard «quiso decir» ya lo dijo él, tal vez la pluma más brillante de la historia de la filosofía, mejor que nadie, y no me parece sensato creer que sea posible reconstruirlo y explicarlo más claramente con las «propias palabras». De lo que se trata aquí, muy por el contrario, es de decir aquello que los discursos de Kierkegaard pro-vocan en y aquello hacia lo que interpelan a aquel que los lee desde su propia y especial perspectiva. De allí que yerre quien busque aquí un manual que le explique qué es lo que verdaderamente quiso decir Kierkegaard en los discursos. Finalmente, y por sobre todas las cosas, este libro no representa, de ninguna manera, un intento de valerse de Kierkegaard para justificar la adherencia a una determinada religión positiva o a ciertas convicciones teológicas. Por eso mismo, no podrá abrevar en sus páginas el sediento de doctrina. Si todo esto no es el libro, entonces: ¿qué es él? Ciertamente resulta más fácil decir lo que el libro concretamente no es que explicar su sustancia en unas pocas frases preliminares. Y ello no tan solo por la dificultad que siempre supone resumir sin desvirtuar en sucintas proposiciones iniciales los conceptos desarrollados a lo largo de todo un texto, sino esencialmente porque la «sustancia» de este breve escrito, si alguna tiene, no son, quizás, sus conceptos, más o menos logrados, sino un modo –fenomenológico no confesional– de interpretar esta serie de discursos a través de los cuales el entero pensamiento kierkegaardiano se confronta y nos confronta con tres situaciones decisivas de la existencia: el tener que reconocerse a sí mismo tal cual uno es, expresado en la confesión, el amor al otro tal cual ese otro es, expresado en el matrimonio, y la muerte inexorable. Se trata, aquí, en una palabra, de una forma –estimo– diferente de dialogar con Kierkegaard, cuando el pensamiento kierkegaardiano se enfrenta con estas situaciones decisivas de la existencia abordadas en los discursos. ¿Pero, en qué consiste este modo fenomenológico y no confesional de leer a Kierkegaard y a sus tres textos? Determinarlo conceptualmente de manera general y abstracta carecería de sentido, pues este modo de lectura se especifica y efectiviza en función de cada uno de los fenómenos y discursos que aborda. El modo o método recorre el escrito por entero, por lo que escuchar el «tono» filosófico que en él se articula y que articula los tres comentarios implica, ineludiblemente, el –confío no demasiado ingrato– trabajo de leer el propio libro. Un trabajo que he intentado acortarle al generoso lector por medio de la brevedad y la concisión, pero que no puedo evitarle por completo. Sin embargo, aunque carezca de sentido aquí resumirle al lector la sustancia del libro y del método que lo rige, sí es posible decir algo respecto de la pregunta a cuyo correcto planteamiento se aboca por completo la perspectiva de lectura y el diálogo con los discursos kierkegaardianos emprendido en estos comentarios. Tal pregunta no es otra que la siguiente: ¿es posible, desde un punto de vista filosófico y pensante, para cualquier hombre, aun cuando no adhiera al cristianismo ni a ninguna otra confesión religiosa, encontrar legítimamente un acceso a o modo de relacionarse con lo Absoluto a partir de ciertas situaciones decisivas de su existencia, como lo son las abordadas por los tres discursos? Es esta pregunta, la que recorre, unifica y articula la obra entera. Si el libro efectivamente contribuye al mejor planteamiento de y a un primer atisbo de respuesta a dicha pregunta, su autor sentiría justificado su esfuerzo.

Desde el punto de vista formal y en relación con el origen de los materiales que componen este libro quisiera precisar que, por cierto, él reúne tres trabajos míos previamente publicados en revistas especializadas. Ello, a mi juicio, no significa que el libro, como es usual en el medio académico, no sea sino una compilación o yuxtaposición de artículos independientes. No se trata aquí de que los artículos hayan sido refundidos en formato de libro, sino que lo contrario es el caso. Ellos fueron originariamente pensados como capítulos de un comentario filosófico integral desde una perspectiva determinada a los discursos kierkegaardianos. Por eso mismo, ellos no constituyen estudios aislados que dieron origen a un libro, sino un libro que fue descompuesto y cuyos capítulos, por exigencias profesionales, fueron publicados primero por separado con el formato de artículo académico.

Finalmente, para terminar esta –para mi gusto– ya extensa nota preliminar, en la que, como en la mayoría de los prefacios de autor, este no hace sino aclarar lo que debió haber quedado suficientemente claro en el cuerpo del texto, quisiera expresar aquello que verdaderamente era necesario expresar y que debió estar al principio de esta nota: un sincero y profundo agradecimiento. En primer lugar, quiero agradecer al Prof. Dr. Leonardo Rodríguez Duplá, sin cuya gestión y apoyo financiero este libro hubiera sido imposible. De hecho, él se publica como contribución al Proyecto de Investigación y Desarrollo de la Universidad Complutense PID 2020-115212GB-I00 «Existencia, estética e ironía en Kierkegaard», diseñado y dirigido por el profesor Duplá. Para él y para la propia Universidad Complutense de Madrid, en donde he sido siempre tan cordialmente recibido, valga, pues, mi más vivo agradecimiento. En segundo lugar, quiero agradecer también a la Fundación Alexander von Humboldt, de la que he sido becario y que me ha apoyado constantemente a lo largo de mi trayectoria profesional. Sin el acceso a los recursos bibliográficos y el apoyo financiero que me ha brindado esta institución esta obrita también hubiera sido imposible. Por último, pero con igual grado de importancia, debo decir gracias a la *Lehrstuhl Christliche Religionsphilosophie* de la Universidad de Friburgo de Brisgovia y a su director, el Prof. Dr. Markus Enders. Las estadías periódicas de investigación allí son el sustento intelectual de las ideas que aquí se expresan. En un momento oscuro en que en mi país –Argentina– la investigación científica teórica en general y, sobre todo, las humanidades son con frecuencia degradadas por las redes y acusadas de inútiles e improductivas, el apoyo encontrado en las personas e instituciones mencionadas ha resultado para mí esencial. No sé si esta obra es improductiva o no. Lo que sí sé es que pensar, de la mano de los grandes filósofos, el sentido último de las relaciones fundamentales del sí mismo con sí mismo, con la propia muerte, con el otro y con lo Absoluto, es decir, pensar y realizar de modo digno aquellas relaciones que hacen del ser humano un ser *humano* y no una «cosa» o «engranaje» más del sistema productivo, resulta altamente significativo y es lo que, en última instancia, le da sentido al rendimiento económico y justifica la existencia. No sé, en verdad, si esta obrita es improductiva o no. Lo que sí sé, lector, es que dejar en las manos de consignas vacías, de una fe ciega o, directamente, de la estupidez proclamada a gritos el sentido de las relaciones fundamentales que constituyen nuestra vida no solo es un pecado filosófico, sino que puede ser socialmente muy peligroso. Pero no te distraigo más del camino y te pido que me acompañes a pensar, junto con Kierkegaard, en la confesión, en el matrimonio y en la muerte.

Capítulo i

Infinitud y defección. Una interpretación filosófica del discurso «En ocasión de una confesión» de S. Kierkegaard[1]

1. Introducción

Del discurso *En ocasión de una confesión*, publicado en 1845 y con cuyo análisis doy inicio a estos comentarios a los *Tres discursos para ocasiones supuestas* de Søren Kierkegaard, afirma Eduard Geismar, el biógrafo danés del filósofo, que «nada de lo que él escribió ha surgido tan inmediatamente de su relación con Dios como este discurso. Quien quiera entender de modo correcto a Kierkegaard hace bien en comenzar con él». E inmediatamente agrega: «Se trata de un discurso de confesión y su propósito es ayudar al hombre en la profundización interior en sí mismo y en el arrepentimiento ante Dios»[2]. A pesar de la dificultad inherente

---

[1] Una primera versión de este capítulo fue publicada en: Ángel E. Garrido Maturano, «Infinitud y defección. Una interpretación filosófica del discurso *En ocasión de una confesión* de S. Kierkegaard», *Estudios Kierkegaardianos. Revista de Filosofía*, 8 (2022), pp. 191-214.
[2] Eduard Geismar, *Søren Kierkegaard. Seine Lebensentwicklung und seine*

al texto, en cierta medida concuerdo con la afirmación del biógrafo acerca de que no meramente la lectura, sino la comprensión del discurso en cuestión puede constituir una buena manera de introducirse a los conceptos centrales del pensamiento kierkegaardiano. Por lo tanto, su análisis puede resultar, también, un buen recurso para «entender de modo correcto a Kierkegaard». Y ello a causa de razones puramente temáticas: en la densidad significativa del discurso se entrelazan y correlacionan de tal modo conceptos nucleares de la obra kierkegaardiana –el de «sí mismo», de «bien supremo», de «pecado», de «ante Dios», de «silencio», de «existente particular», de «deseo», etc.– que difícilmente se pueda tener una comprensión profunda del texto sin remitirse a la lectura e intelección de otros escritos de la obra kierkegaardiana; y sin acceder, así, además, a una primera visión integral de las nociones que articulan el pensamiento del autor. Sea ello como fuere, en lo que sí concuerdo en un todo con el biógrafo es en que el discurso constituye un texto central y privilegiado para que cada existente profundice en su sí mismo y se reconozca en su interioridad y ante Dios como el sí mismo particular que él es. Así concebido, más que un discurso de ocasión, la obra sería la ocasión en la que Kierkegaard escribe un discurso en el que el tema del reconocimiento de sí y de los propios pecados resulta *pensado* (en el estricto sentido del término)[3] desde su más profunda comprensión de sí como

---

Wirksamkeit als Schrifteller, Göttingen, Vandenhoeck & Ruprecht, 1929, p. 470.

[3] Pensado en estricto sentido significa aquí que la confesión y sus implicancias no son analizadas desde un punto de vista teológico, sobre la base de una fe positiva determinada, sino como un acontecimiento al que se ve movido o instado necesariamente *todo* existente en razón de las estructuras fundamentales que constituyen su modo de ser como

un sí mismo que surge de la relación inmediata con Dios. Las consideraciones siguientes quieren abordan el discurso *En ocasión de una confesión* tomando como eje temático precisamente la comprensión del sí mismo en ella operante y el modo en que dicha comprensión dota de un sentido filosófico a la confesión religiosa y al consecuente reconocimiento del pecado.

Definido el alcance temático, resulta conveniente precisar los objetivos que guían este primer capítulo. El primero radica en elucidar en qué medida el acontecimiento de la confesión tiene como condición de posibilidad un esquema de comprensión del sí mismo que resulta de una relación dialéctica entre una dimensión de infinitud y otra de finitud de la subjetividad. Respecto de este primer objetivo, me guía la hipótesis de que, por un lado, el reconocer la finitud del sí mismo y negar la potencialidad del sujeto para realizarse a sí representa, paradójicamente, la realización propia del sí mismo e implica una afirmación finita de la dimensión infinita de la subjetividad. Por otro lado, el renegar de la infinitud del sí mismo y afirmar la potencialidad del sujeto para su autorrealización representa, dialécticamente, la defección impropia de sí del sí mismo e implica una afirmación infinita de la dimensión finita de la subjetividad. El corolario al que conduce esta hipótesis es que la confesión, siendo un acontecimiento religioso, guarda en sí una significación con-

---

existente, independientemente de su fe. Dicho de otro modo, el análisis kierkegaardiano de la confesión implica la elucidación de sus fundamentos o condiciones de posibilidad; y como estos fundamentos se asientan en la explicitación del modo de ser de la existencia humana –la tensión entre las dimensiones de finitud e infinitud–, bien puede afirmarse que la confesión es pensada por Kierkegaard en el discurso también desde una perspectiva propia y genuinamente filosófica.

comitantemente ética y ontológica. De allí que ella pueda ser también un tema genuino para la filosofía. El segundo objetivo radica en el intento de hallar un testimonio en la afectividad patética humana del hallarse el sí mismo finito ya siempre referido a lo absoluto y, por tanto, instado a la confesión de la nulidad de su poder. En este sentido, me guía la hipótesis de que el asombro bien puede ser interpretado como ese *pathos* fundamental que revela nuestra ligazón a lo infinito y que nos mueve a la confesión.

El método a través del cual se abordará el texto kierkegaardiano, al igual que en los comentarios a los otros dos discursos analizados en este libro, puede resumirse en tres expresiones: «enfoque fenomenológico», «hermenéutica de la facticidad» y «perspectiva pre– (no pro– ni anti-) confesional». La investigación ancla en un abordaje fenomenológico porque la fenomenología, concebida como *pensamiento correlacional*, encuentra la esencia de las vivencias en una correspondencia entre el modo en que me sale al encuentro lo que se da y el modo en que voy hacia ello y lo asumo. Pues bien, este trabajo intenta asir la esencia de aquella vivencia en la cual el individuo cumple con la confesión sobre la base de una correlación entre la manera en que Dios o lo Absoluto me sale al encuentro desde mí mismo y el modo en que me relaciono conmigo mismo de cara a ese salirme al encuentro de Dios en mí mismo. Por ello, puede considerarse fenomenológico su enfoque. Ahora bien, en cuanto aquí habrá de plantearse la cuestión de si y en qué medida la confesión puede ser leída como un acontecimiento al que se halla movido todo hombre, por su propia condición de sí mismo, pero que de hecho solo se da en aquellos que se abran a realizar el sentido consumado de su sí mismo, la perspectiva de análisis puede especificarse como una fenomenología del universal singular. Este enfoque fenomenológico se conjuga con una «hermenéutica de la facticidad». Aquí utilizo el término hermenéutica no en referencia a alguna teoría crítica de la interpretación textual, sino en un sentido concordante con el que lo utiliza Heidegger en el §3 del tomo 63 de las *Gesamtausgabe*, esto es, como auotexplicitación del modo de ser de la facticidad[4]. Lo que es objeto de la reflexión hermenéutica es el *factum* de la confesión, toda vez que es él quien, por su propio modo de darse, requiere de su explicitación bajo el esquema de «algo como algo» para traer a la luz del concepto tanto sus condiciones de posibilidad cuanto sus implicancias éticas y ontológicas. Finalmente, en cuanto a la perspectiva metodológica ella es pre-confesional. ¿En qué medida es ello posible, teniendo en cuenta que el discurso se refiere a un acontecimiento –la confesión de los pecados– que cuenta con una significación litúrgica y se halla vinculado al rito religioso? D. González observa que el carácter meramente hipo-

---

[4] Cfr. Martin Heidegger, *Gesamtausgabe Band 63. Ontologie (Hermeneutik der Faktizität)*, Frankfurt a.M.: Vittorio Klostermann, ²1995, pp.14-20. Que se utilice la noción heideggeriana de hermenéutica de la facticidad como método de análisis para explicitar las dimensiones de finitud e infinitud de la existencia y la tensión entre ambas (la cual, por sí misma, por su propia realización temporal, requiere esta explicitación) no significa necesariamente que la explicitación en sí sea heideggeriana ni apunte a hacer converger el análisis de ambos pensadores. Ello fácilmente se advierte si se tienen en cuenta las abismales diferencias que existen entre el *Dasein* que se consuma como lugar de manifestación del ser y la existencia del sí mismo espiritual que consuma su dimensión infinita en el deseo o aspiración de lo más alto o Dios. Igualmente, la noción no solo ontológica, sino ética de pecado, tal como aquí será expuesta, muestra diferencias fundamentales con el ser-deudor heideggeriano que es exclusivamente ontológico, como lo son los análisis de *Ser y tiempo* que explícitamente no pretenden realizar afirmaciones éticas.

tético de las circunstancias en las que se desarrolla este discurso, en cuanto el orador habla *a propósito de una* confesión, al igual que los otros dos discursos para ocasiones supuestas, «implica la decisión de apartarse de las normas del género, dando lugar en cada caso a una prolongada meditación en torno a los temas respectivos»[5]. Estimo que, precisamente por ser una meditación, es que resulta legítimo abordar el discurso desde una perspectiva pre-confesional. De acuerdo con ello, lo que le interesa a la investigación es determinar, desde un punto de vista filosófico, si es posible y hasta qué punto postular que la confesión es un acontecimiento al que necesariamente se ve movido un ser humano en función de su propia constitución ontológica. Dicho de otro modo, de lo que se trata aquí es de determinar el significado que tenga la confesión para todo hombre en tanto tal, con independencia de su filiación religiosa.

Finalmente, cabría preguntarse si es o no fiel a Kierkegaard una lectura de su discurso asentada en premisas metodológicas como las expuestas. Laura Llevadot, en su estudio del discurso en cuestión, observó que Kierkegaard, a lo largo de su obra, una y otra vez, procura lo siguiente, a saber:

> Desautorizar toda pretensión de hallar el texto que explicaría el sentido interno de la obra, que ofrecería la llave hermenéutica para leer y dotar de un sentido homogéneo la multiplicidad heterogénea y contradictoria que constituye la polifonía textual de su producción[6].

---

[5] Darío González, «Introducción», en Søren Kierkegaard. *Escritos de Søren Kierkegaard. Volumen 5. Discursos edificantes. Tres discursos para ocasiones supuestas*, ed. y trad. de Darío González, Madrid, Trotta, 2010, pp. 11-23, p. 22. Sigla: *ESK5*.
[6] Laura Llevadot, «Hacer la verdad: El 'yo' de la confesión en Kierkegaard, Foucault y Derrida», *Estudios Kierkegaardianos*, 1, 2015, pp. 149-168, p.

Si se tiene en cuenta esta atinada observación, que compete a la obra entera del danés, y también el énfasis del propio Kierkegaard en el proceso de apropiación por el lector, bien puede responderse, en el caso de este discurso en concreto, de modo afirmativo la pregunta arriba formulada. Leer fielmente a Kierkegaard no significa exponer con otras palabras lo que él ya dijo, porque esto ya lo dijo él. Tampoco presumir de que una cierta lectura es aquella que reconstruye lo que el por momentos inextricable y siempre polifónico Kierkegaard *verdaderamente quiso decir*; y que, por tanto, ella nos ofrecería la «llave hermenéutica» para leer kierkegaardianamente a Kierkegaard. No es la literalidad ni la ortodoxia lo que nos vuelve kierkegaardianos. Muy por el contrario, lo que nos hace fieles al autor es comprender aquello que él advierte en el prefacio a sus *Tres discursos para ocasiones supuestas*, a saber, que «lo importante es la apropiación»[7]; y que, respecto del texto que se nos «*entrega*», no hay «nada propio ni ajeno en sentido mundano que separe y prohíba apropiarse de aquello que es del prójimo»[8]. Precisamente esta apropiación se propone explicitar, desarrollar y articular las implicancias que tiene para el intérprete, en función de sus propios intereses conceptuales y de su perspectiva metodológica, las significaciones potencialmente contenidas en el texto (y nunca significaciones arbitrariamente impuestas en él u opuestas a él). De este modo es posible, gracias a la apropiación, llegar no a

---

157. Si bien el trabajo aborda el mismo texto que el nuestro, su interés es otro: contraponer las concepciones de la confesión de Kierkegaard y Derrida a la de Foucault, a fin de determinar el fenómeno como acto de transformación de sí y apertura a la alteridad.

[7] *ESK5*, p. 391.

[8] *Ibid.*

ser kierkegaardiano, sino simplemente a convertirse en uno de esos individuos que Kierkegaard, con alegría y gratitud, llamó «mi lector»[9].

2. Sí mismo e infinitud

Comencemos recordando, a efectos propedéuticos, el concepto de «sí mismo» (*selv*) o «yo» (como lo traduce Gutiérrez Rivero), cuya definición, expuesta al comienzo de *La enfermedad mortal*, constituye uno de los párrafos más célebres y comentados de toda la obra del danés:

> El hombre es espíritu. Mas ¿qué es el espíritu? El espíritu es el yo. Pero ¿qué es el yo? El yo es una relación que se relaciona consigo misma, o dicho de otra manera: es lo que en la relación hace que esta se relacione consigo misma. El yo no es la relación, sino el hecho de que la relación se relacione consigo misma[10].

La anterior definición no pretende ni más ni menos que asir la esencia del hombre. De acuerdo con ella, lo que distingue al humano no es una cualidad substancial, por ejemplo, la racionalidad, sino el *modo* en que *ejerce* o *realiza* todas las cualidades de su ser, incluso la racionalidad. Ese modo de ejercer su ser –el espíritu– es diferente del modo en que todo otro ente es; y significa que el hombre, en tanto existe, es ya siempre una relación que se relaciona a sí misma. El espíritu como espíritu no es una mera relación. No es la capacidad de salir del encierro en el ser «en sí»

---

[9] *Ibid.*
[10] Søren Kierkegaard, *La enfermedad mortal*, trad. de Demetrio Gutiérrez Rivero, Madrid, Trotta, 2008, p. 33. Sigla: *EM*.

cósico para mantener una relación con lo otro, sino aquella condición esencial que hace que el hombre ya siempre se relacione a la relación misma a la que él ha sido arrojado y, así, *se elija y haga* en cada caso el *sí mismo* particular y único que él siempre está en trance de ser. En otros términos: «el espíritu no es algo, sino la *pura* ejecución del relacionarse a sí misma de la relación»[11].

El hombre es, pues, espíritu. ¿Pero cómo pudo llegar a serlo? Escribe Kierkegaard:

> Una relación que se relaciona consigo misma —es decir, un yo— tiene que haberse puesto a sí misma, o haber sido puesta por otro. Si (…) ha sido puesta por otro, entonces la relación es lo tercero; pero esta relación, esto tercero, es por su parte una relación que a pesar de todo se relaciona con lo que ha puesto la relación entera[12].

Este es el conocido supuesto teológico de la comprensión kierkegaardiana del sí mismo. Según él, el hombre no puede ser el origen de su condición espiritual, porque ya siempre se encuentra dado a sí mismo como espíritu. Él puede configurar ese espíritu, pero no crearlo ni evitarlo. Antes bien, lo *padece*. Kierkegaard ve aquí con claridad que la existencia no comienza con un acto identificatorio, sino con el padecimiento de un don: el espíritu. Toda identificación, antes de ser posición de sí, es respuesta a algo otro que nos puso como espíritu. Esto otro es a lo que Kierkegaard llama «el poder» que ha creado al hombre como el espíritu que él es[13].

---

[11] Gerhard Thonhauser, *Über das Konzept der Zeitlichkeit bei S. Kierkegaard mit ständigen Hinblick auf Martin Heidegger*, Freiburg, Alber, 2011, p. 58.
[12] *EM*, p. 33.
[13] Cfr. *EM*, p. 34.

Es un poder, pues *pudo* poner al hombre como espíritu, pero el hombre no puede determinar qué sea ese poder. En efecto, toda explicación puede explicar lo que es y por qué es como es, pero no explicar cómo es posible que a un cierto ser –el humano– le haya sido dada la facultad de relacionarse a la relación que él es. Por ello, para la razón, el poder que ha puesto al espíritu representa lo desconocido. Pero que dicho poder no sea determinable no significa que no nos relacionemos con aquello que ha puesto la entera relación a sí misma que somos. Ello ocurre en el modo en que asumimos la condición espiritual que nos ha sido dada. En consecuencia, cuando nos relacionamos a nosotros mismos, nos relacionamos con el poder que nos puso como el espíritu que somos y al cual Kierkegaard identifica con Dios.

Como sí mismo, el existente es, entonces, un espíritu puesto por Dios. ¿Significa ello que sea infinito? Todo y en primer lugar la muerte pareciera desmentirlo. Sin embargo, en el discurso que nos ocupa, Kierkegaard hace una observación desde la cual puede introducirse la dimensión de infinitud de la subjetividad.

> Entre los muchos bienes hay, pues, uno que es el más alto, uno que, por ser el más alto, no se determina según su relación con otros; el que desea, sin embargo, no tiene una idea determinada acerca de él, pues es precisamente lo más alto a la manera de lo desconocido – y ese bien es Dios[14].

El sí mismo despliega su existencia como relación proyectándose hacia algo que considera un bien, independientemente de que se equivoque y tome por bien lo que al final

---

[14] *ESK5*, p. 399.

revela no serlo[15]. Entre todos los bienes hay un bien absoluto e incondicionado, que él desconoce, pero hacia el que se orientan los demás bienes relativos y condicionados, en cuanto constituye el bien supremo que dota de sentido a aquellos en relación con los cuales despliega su existencia. En última instancia, proyectándose hacia y buscando lo que para él es un bien, el existente tiende a o busca, a lo largo de toda su existencia, ese bien supremo. He aquí, precisamente, el modo en que lo in-finito y absoluto (aquello que es un bien perfecto y eterno, ab-suelto de toda corrupción y finitud imperante en el orden del ser) está presente en la existencia del sí mismo, a saber: *como deseo y búsqueda de lo absoluto hacia lo que tiende la existencia toda*[16]. Ciertamente

---

[15] Incluso el que desea su mal y se proyecta hacia él, incluso el suicida, cree que ese mal es lo *mejor* posible para sí en sus circunstancias y resulta, por tanto, un bien. Su suicidio constituiría la acción *más sensata* posible. En tanto tal, el propio acto de suicidio delata la búsqueda fallida de lo *más* sensato, de lo *mejor* posible. Pues bien, la plenitud de sentido consumada, el bien absoluto, lo absolutamente mejor a lo que puede orientarse el existente es Dios, que funge, así, como meta última de toda búsqueda existencial. Se advierte aquí, sea señalado de paso, porque no es el tema de esta reflexión confrontar a Kierkegaard con Heidegger, una diferencia esencial entre ambos autores, aun cuando ambos conciban la existencia como «proyección hacia» y aun cuando el modo de ser de la existencia en ambos pueda ser desplegado metodológicamente a través de lo que hemos llamado, basándonos en Heidegger, hermenéutica de la facticidad. La diferencia es clara: en el caso de Kierkegaard, todas las proyecciones de la existencia se sustentan en un fin último o absoluto –Dios–, mientras que en Heidegger el fin último de la proyección es la asunción del propio *sein zum Tode*.

[16] Por ello bien puede decirse que existir seriamente, es decir, asumiéndose como el sí mismo que se es, «resulta en el caso de Kierkegaard no ante todo un 'precursar la muerte', sino un 'precursar la eternidad'». Michael Heymel y Christian Möller, *Das Wagnis, ein Einzelner zu sein*.

esto absoluto —Dios— es desconocido, porque todo conocimiento lo es de lo finito y resulta imposible de-terminar lo in-finito, pero está presente en el hombre como el padecimiento originario de un deseo y la consecuente búsqueda de un bien infinito y absoluto que le es ignoto. Por ello puede escribir Kierkegaard que el existente que «sea en pos de lo desconocido, está dirigido a Dios»[17] y que, por tanto, «el que sea en pos de lo desconocido significa que es infinito»[18]. La dimensión de infinitud del sí mismo radica, pues, en ser en el modo de desear y buscar —de «ser en pos de»— lo absoluto desconocido. Y en tanto eso absoluto e infinito —Dios— es lo que pudo poner al hombre como el espíritu que él es, ser en pos de lo infinito es el modo en que, por antonomasia, el hombre se relaciona a aquel poder infinito que lo puso como espíritu finito. La dimensión de infinitud del sí mismo no radica, entonces, en que él pueda realizar nada infinito, ni tampoco en que disponga de algún poder infinito, sino que se efectiviza en el *factum* de tender hacia lo infinito. Dicho de otro modo, se auto-explicita como búsqueda o deseo de lo infinito[19]. Existir teniendo lo infinito como medida, «ante

---

Glauben und Denken Sören Kierkegaards am Beispiel seiner Reden, Zürich, Theologischer Verlag, 2013, p. 81.

[17] *ESK5*, p. 401.

[18] *Ibid.*

[19] Se notará aquí en qué medida el análisis permanece fiel a la hermenéutica de la facticidad como recurso metódico para abordar las estructuras de la existencia. En este sentido el *ser infinito* del existente requiere, para su correcta intelección, que se tome en cuenta que en su propia temporalización o efectivización se auto-explicita como «ser en pos de» lo infinito desconocido. La hermenéutica de la facticidad no hace sino traer a la luz esta auto-explicitación, dejando que algo se muestre sobre la base del esquema de algo como algo —el ser infinito como padecer en el propio ser el ser «en pos de» lo infinito. De manera análoga, la hermenéutica de

lo cual el yo es lo que es en cuanto yo»[20], y como meta cua-
litativa de la existencia es lo que en *La enfermedad mortal* se
denomina «existir delante de Dios»[21]. En la medida en que,
en cuanto soy, en última instancia estoy referido a o tiendo
hacia el bien supremo que busco, asumir mi sí mismo implica
también asumir que existo deseando y buscando lo infinito
y absoluto que desconozco o, lo que viene a ser lo mismo,
que existo ya siempre «ante Dios». Por eso puede decirse que
relacionarse a sí mismo –ser o existir como el sí mismo que
se es– es, a la vez, relacionarse a Dios; y lo es en el modo del
deseo y de la búsqueda. Por eso también puede considerarse
que «el ser ante Dios es la condición de posibilidad del ser sí
mismo y así también del ser propiamente hombre»[22].

Ser sí mismo cabalmente, asumir la dimensión de infinitud constitutiva de mi subjetividad, implica, entonces, ser
«ante Dios». Pero el hombre que aspira a lo infinito, eterno
y absoluto y que, por ello, es «ante Dios», se choca con su
finitud, temporalidad y condicionalidad. Experimenta que es
finito y que le es imposible realizar lo infinito. «Queda pues
para el hombre solo una salida: pensar lo eterno como una
realidad independiente de sí, lo cual, sin embargo, desde el
punto de vista de la conciencia finita y de la capacidad del
entendimiento, no es posible»[23]. Y no lo es, porque, como

---

la facticidad muestra el modo en que, como habremos de ver, se auto–
explicita desde un punto de vista filosófico no confesional la expresión
«ser ante Dios».

[20] *EM*, p. 107

[21] *EM*, p. 108.

[22] Michael Theunissen, «Das Menschenbild in der Krankheit zum Tode»,
en Michael Theunissen y Wilfred Greve (eds.), *Materialien zur Philosophie
Søren Kierkegaards*, Frankfurt a. M., Suhrkamp, 1979, pp. 496-510; p. 505.

[23] Ann Kathrin Banser y Philipp Bode, *Selbstwerden. Über das Selbst als*

vimos, el hombre desconoce eso absoluto que busca y que en sí mismo no le está dado. Entonces al existente no le queda otro recurso para ser sí mismo que sustentarse en la fe. «Recién cuando el hombre 'se lanza' hacia la fe alcanza el fundamento de su existencia y con ello la plena transparencia de su sí mismo»[24].

En consecuencia, el reconocimiento de la finitud del sí mismo y de su imposibilidad para realizarse plenamente a sí está implicado en la asunción plena de su sí mismo más propio, que es ya siempre un sí mismo «ante Dios». Esta asunción, por su parte, en tanto asunción de mi sí mismo *«ante Dios»*, significa la afirmación de la dimensión infinita de la subjetividad, esto es, del deseo (padecido originariamente por el hombre en tanto sí mismo) de lo infinito que desconoce y la consecuente afirmación de la existencia como búsqueda de Dios. Ahora bien, esta afirmación de lo infinito en la subjetividad es una afirmación *finita* de lo infinito, precisamente porque el sujeto que la afirma *no puede* realizar lo que afirma, sino que solo puede desear y buscar un sentido infinito que consume su existencia. Pero como lo infinito le es desconocido «su búsqueda es ciega, no tanto con respecto al objeto del deseo, sino en el sentido de que no sabe si se le acerca o si se aleja»[25]. Y como su búsqueda es ciega y ni siquiera puede saber si se está acercando o no a su objeto de deseo, no puede encontrar por sí ese sentido infinito, por lo que no tiene otra posibilidad que tener fe en que ese sentido le sea dado o, como dice Kierkegaard, que lo busque a él.

Aufgabe und die Möglichkeit seiner Realisierung bei Søren Kierkegaard, Würzburg, Könighausen & Neumann, 2018, p. 104.
[24] *Ibid.*
[25] *ESK5*, p. 399.

Escribe el autor: «¿O no sería temible, oyente mío, que, por estar lo buscado tan cerca de ti, no buscaras, sino que Dios te buscara a ti»[26]. En efecto, es temible, en el sentido de alarmante, que, para realizarse a sí, el hombre deba confiar en que Dios lo busque, porque ello implica depender de la fe en lo desconocido, de lo cual no hay certeza alguna, y del concomitante dolor de saber que *yo* no puedo encontrar lo buscado para ser plenamente yo. Pero, por otra parte, es también temible, en el sentido de estremecedor, que eso buscado que me puso como sí mismo esté tan cerca de mí –esté incluso en mí en el modo del deseo de lo infinito que me constituye–[27] que no pueda liberarme de él para ser yo mismo. De allí que sea preciso que el sí mismo, si quiere asumir su sí mismo, «se transforme para llegar a ser él mismo el lugar en el que Dios verdaderamente está»[28].

El primer paso para tal transformación –el primer paso para buscar a Dios en mí o, siendo más precisos, para dejar que Dios me encuentre– es el reconocimiento de los pecados. No en otra cosa consiste la confesión; y por eso puede decir Kierkegaard que «en ocasión de la confesión hablaremos acerca de qué es buscar a Dios»[29].

---

[26] *ESK5*, p. 404.

[27] Precisamente este deseo es la huella en el sí mismo del haber sido puesto por Dios como el sí mismo consumado y pleno que tiene que llegar a ser. Ahora bien, más allá de esta huella, Dios se retira y permanece desconocido. Por ello bien puede decirse de Dios, delante del cual el sí mismo existe, «que como fundamento que se retrae y como cifra desconocida se deja advertir en el sí mismo». Paul Kuder, *Heideggers Kierkegaard*, Baden-Baden, Nomos, 2016, p. 69.

[28] *ESK5*, p. 404.

[29] *ESK5*, p. 397.

3. Sí mismo y defección

Para buscar a Dios en mí debo afirmar que mi existencia como sí mismo tiende hacia un sentido infinito o absoluto que no conozco ni puedo realizar, pues, según hemos analizado, es precisamente esa tensión hacia o deseo de lo infinito lo que constituye la dimensión infinita de la subjetividad o, como también podría decirse, la huella de Dios en mi sí mismo. Ahora bien, el primer paso de dicha búsqueda es la confesión, entendida como reconocimiento interior de los pecados. Que así sea, resulta de la penetrante concepción kierkegaardiana del pecado. Ella, como es también sabido, es expuesta, por antonomasia, en *La enfermedad mortal*, del siguiente modo: «Hay pecado cuando delante de Dios, o teniendo la idea de Dios, uno no quiere desesperadamente ser sí mismo, o desesperadamente quiere ser sí mismo»[30]. «Delante de Dios», como vimos, significa teniendo conciencia de la infinitud a la que se halla referida mi existencia, es decir, teniendo conciencia de mi necesidad de un sentido absoluto que desconozco y no puedo realizar para consumar mi ser. Tener la idea de Dios significaría, entonces, experimentar la necesidad que tengo de Dios para realizar mi *propio* ser. No implica inevitablemente ingresar en algún culto, ni caer de rodillas ante el altar, ni haberse instruido en teología. Ningún signo exterior nos indica que existimos «ante Dios» o que la idea de Él es *efectiva* en nosotros. Existir «ante Dios» significa, ante todo y tal cual lo resume Kierkegaard en uno de sus cuatro *Discursos edificantes* de 1844, que el hombre llegue a comprender que «necesitar de Dios es la suprema perfección del hombre (…); pues en virtud de

---

[30] *EM*, p. 103.

esta consideración *llega el hombre a conocerse a sí mismo*»[31]. Como espíritu o sí mismo, que, en cada relación a sí, a través de la cual se elige a sí mismo, se sabe y reconoce puesto por y referido a algo infinito, el existente ansía lo que para él es imposible: alcanzar un sentido consumado que justifique de un modo incorruptible la totalidad de su existencia. Anhela llegar a ese «bien supremo», disfrutar –sea ella lo que fuere y él desconoce lo que es– de la «felicidad eterna». Ahora bien, cuando «ante Dios», es decir, con la clara conciencia de que en mi ser aspiro a lo absoluto, desespero por realizar por mí mismo esa aspiración, es decir, *desespero por poder ser sí mismo*, o desespero por poder librarme de ella, es decir, *desespero por poder no ser sí mismo*, entonces identifico lo posible con mi poder, niego lo infinito que me es imposible y peco. Peco porque no quiero (dimensión *ética* del pecado) ser lo que soy (dimensión *ontológica*): un sí mismo finito que se confía al absoluto que puso en mí el deseo de infinitud. El pecado –tiene razón la dogmática– es la desobediencia a la voluntad de Dios. Y cuanto más consciente soy de su voluntad, esto es, cuanto más consciente soy de ser un espíritu finito que ansía lo infinito, y, sin embargo, no quiero serlo, mayor es la desesperación y peor el pecado. Dicho de otro modo, «solo cuando el pecador tiene en vista aquello contra lo que se dirige el pecado, completa él el pecado en su más profundo fundamento»[32].

---

[31] Søren Kierkegaard, «Necesitar de Dios es la suprema perfección del hombre», en *ESK5*, pp. 294-318, p. 306.
[32] Michael Theunissen, *Der Begriff Ernst bei Sören Kierkegaard*, Freiburg/München, Alber, 1982, p. 176. Theunissen interpreta de modo confesional este «tener en vista» aquello contra lo que se dirige el pecado como un saber de la existencia de Dios en virtud de la revelación. «Recién el saber de Dios posibilita saber lo que sea el pecado y con ello el surgimiento del

En conclusión, el pecado es el acto voluntario y, por tanto, éticamente culpable de renunciar al sí mismo que se es. En tanto renuncia al propio ser, representa, concomitantemente, una *defección* desde el punto de vista ontológico-constitutivo: la de *ponerme* como el ser que *no soy*. Dicha defección puede asumir dos formas: la de, en vano, querer realizar a toda costa por mí mismo un sentido infinito de mi existencia (desesperadamente querer ser sí mismo) o la de negar que deseo algo infinito y querer encontrar el sentido último de la existencia en lo inmediato y finito que está a mi alcance (desesperadamente querer no ser sí mismo). Ambas formas comparten tres aspectos comunes. Primero, el de la renuncia al propio sí mismo. Segundo, el de la desesperación, que surge de querer alcanzar por mí mismo una y otra vez algo que es imposible. Tercero, el de tomar como infinito algo finito, ya sea creyendo falsamente que puedo realizar en mi vida algo tan grande que su valor será infinito, ya sea autoengañándome y afirmando que lo finito me colma por completo, es decir, infinitamente. Así concebido, el pecado representa la potenciación voluntaria de la dimensión de finitud de la existencia a la condición de dimensión de infinitud de la misma. En él, el sí mismo reniega de la infinitud de su propio sí mismo y afirma su propio poder finito como capaz de una autorrealización *completa*. Por ello mismo, constituye una defección de sí del sí mismo e implica una afirmación infinita de lo finito. Quien existe en el pecado, así concebido, como renuncia a su deseo de infinito,

---

pecado mismo; porque el hombre recibe el verdadero saber de Dios desde la revelación histórica del Hijo, se concibe la completa determinación del pecado (…)». *Ibid.* Ciertamente es una interpretación posible, que no invalida la interpretación preconfesional aquí postulada: sé de Dios en cuanto experimento mi interna necesidad de infinito y peco cuando reniego de ella.

no busca a Dios. Por lo tanto, para buscar a Dios es la primera condición que se confiese, es decir, que reconozca y asuma que necesita de Dios y que en su existencia ha renegado de esa necesidad o, lo que es lo mismo, ha pecado.

4. La confesión

Sobre la base de lo hasta ahora analizado, bien puede concebirse a la confesión como el tránsito entre dos modos antitéticos del sí mismo de relacionarse consigo mismo. Ella sería, pues, el pasaje de la defección del pecado a la plenitud de la fe. Dicho de otro modo, representaría el paso de una manera de ejercer la existencia que reniega de la dimensión infinita del sí mismo y afirma, haciendo ejercicio del poder del yo, infinitamente lo finito (pecado), a otro modo de ejercer la existencia que reconoce la dimensión infinita del sí mismo y afirma, confiando en el poder de lo absoluto que deseo y desconozco (fe), finitamente lo infinito. Así vista, la confesión constituye un «mecanismo transformador»[33]. Su verdad no radica en relatar minuciosamente hechos constatables, sino en «aquello que el sujeto hace al transformarse a sí mismo»[34]. En efecto, quien se confiesa, lo hace porque busca a Dios, esto es, busca encaminarse hacia ese infinito que ha sido puesto en él como deseo. Y como, consecuentemente, a Dios debo encontrarlo en mí, «buscar significa que el que busca, que él mismo se transforma»[35]. Y se transforma o, al menos, reconoce que es necesario que lo haga, en quien era originariamente —en el sí mismo que había sido puesto

---

[33] Llevadot, «Hacer la verdad», p. 161.
[34] *Ibid.*, p. 162.
[35] *ESK5*, p. 404.

33

por Dios– y que ha sido deformado por la transformación de signo contrario que representa el pecado. Esta primera transformación deformante la describe Kierkegaard en estos términos:

> El que busca debía transformarse, ¡ay!, y fue transformado – así es como decae. Y la transformación en la que está, la llamamos pecado. Por tanto, lo buscado existe, y el que busca es el lugar, pero se ha transformado, y transformado con respecto a haber sido una vez el lugar en el que estaba lo buscado[36].

Ahora bien, la segunda transformación, representada por la confesión, no es algo que le cupiera en suerte solo a algunos hombres, sino algo que necesita todo hombre en tanto tal, pues todo hombre ha sufrido la primera transformación del pecado. Todo hombre es constitutivamente pecador[37], porque inevitablemente, a lo largo de su existencia, antepone o elige su voluntad de poder y sus intereses finitos a la fe en lo infinito. Dicho de otro modo, porque el hombre, ejerciendo su voluntad de poder, nunca termina de reconocer que, en esencia, no puede nada y en todo necesita de un poder que lo

---

[36] *ESK5*, p. 407.

[37] Arne Grøn señala que el hombre está constitutivamente en deuda con Dios porque todo lo que tiene, incluso el impulso a amar, no surge de él mismo, sino que lo recibe de Dios. Cfr. *Angst bei Søren Kierkegaard. Eine Einführung in sein Denken*, Stuttgart, Klett-Cotta, 1999, p. 170. Sin embargo, estar en deuda no es sinónimo de ser culpable. El hombre es constitutivamente pecador no por lo que debe, sino por lo que pone o, mejor dicho, por lo que *ante-pone*: su voluntad de poder, que es siempre voluntad de algo finito, por sobre su necesidad de infinito. El hombre es culpable de no asumir plenamente sus necesidades e imperfecciones más raigales. Por ello Kierkegaard insiste en que lo que mueve a la confesión es «la preocupación de justificarse ante Dios». *ESK5*, p. 411.

trasciende. Necesita de ese poder al principio, para que le sea dada la posibilidad de ser el espíritu que es. Y vuelve a necesitarlo una y otra vez en la vida, para que el curso de la realidad efectiva, que ningún existente individual nunca domina por completo, le abra las posibilidades que le permitan realizar en algún grado su voluntad. Y necesita de él al final, para que su existencia, de un modo que desconoce, llegue a tener un sentido absoluto y no se disuelva en la nada de la muerte. Por ello, la confesión de los pecados implica el reconocimiento de que, en realidad, no podemos nada. Quien en verdad confiesa, confiesa lo siguiente: «¡Haber combatido, haberlo intentado hasta el extremo de las capacidades de uno, y descubrir que uno no es capaz de nada, (…), puesto que pertenece a Dios!»[38]. Sin reconocimiento del pecado, sin reconocimiento de la propia nulidad, no hay posibilidades de buscar a Dios, ni tampoco de encontrase verdaderamente a sí mismo como el sí mismo pleno y consumado al que aspiro. Por ello, cuanto más verdadera es la confesión y cuanto más sincero es el reconocimiento interior de la condición de pecador, más comprende el hombre que, de cara a la dimensión de infinitud que ha sido puesta en él como deseo, *no puede nada*. Entonces, también más comprende que necesita de Dios. En ese mismo momento, por el efecto transformador de la propia confesión, ya está en el camino de su búsqueda. Kierkegaard es explícito al respecto: «Cuanto más profunda es la pena, tanto más un hombre siente ser una nada, y ello justamente porque el apenado es aquel que, buscando, comienza a alcanzar conocimiento de Dios»[39]. De allí se desprende que, por muchas y variadas que sean las vías a través de las cuales

---

[38] *ESK5*, p. 417.
[39] *ESK5*, p. 408.

un hombre puede ser atraído hacia Dios, todos esos caminos convergen en una encrucijada: la conciencia del pecado. En *Ejercitación del cristianismo* Kierkegaard vuelve a ser explícito sobre el particular:

> Pero por muchos que sean los medios que Él emplea, sin embargo, todos los caminos se concentran en un solo punto: la conciencia del pecado, atravesándola está 'el camino' desde el cual Él atrae a un hombre (...)[40].

En consecuencia, el hombre, para poder restaurar su relación a lo absoluto e infinito, para poder reedificar su vínculo con lo eterno, debe, en primer lugar, reconocer interiormente que ha perdido su referencia a lo infinito por propia culpa, es decir, por haber des-esperado y afirmado infinitamente su finitud, de modo tal que «ha matado al Dios en sí»[41]. Y, en segundo lugar, debe asumir que él no es nada y que, por tanto, «el sitio dejado vacante por lo eterno en él no puede más ser ocupado por él mismo»[42]. En esa doble aceptación radica la confesión como acontecimiento transformador.

A esta confesión, con la que se empieza a buscar a Dios, Kierkegaard le impone dos condiciones: debe ser estrictamente individual y realizarse en silencio. «El que se confiesa está solo, solo como un moribundo»[43]. Y lo está, porque la confesión, como el pecado que la motiva, son estrictamente individuales. En efecto, el pecado, aunque propio de todo

---

[40] Søren Kierkegaard, *Ejercitación del cristianismo*, trad. de Demetrio Gutiérrez Rivero, Madrid, Trotta, 2009, p. 163.
[41] Annemarie Pieper, *Søren Kierkegaard*, München, C.H. Beck, 2014, p. 84.
[42] *Ibid.*, pp. 84-85.
[43] *ESK5*, p. 393.

hombre, es particular. No consiste en la finitud constitutiva de la especie, sino en el asentimiento voluntario de esa finitud como medida de mi existencia, lo que supone una decisión de cada *hombre singular.* Él, como bien se observa en *La enfermedad mortal,* «no es la furia salvaje de la carne y de la sangre, sino el *consentimiento* emparejado del espíritu»[44]. Y el consentimiento, en tanto espiritual, es una elección libre, voluntaria y responsable de cada sí mismo. Lo propiamente pecaminoso no son los hechos particulares, pero tampoco «el reconocimiento en nombre propio de una universalidad vacía»[45], sino que lo pecaminoso soy yo, mi propio espíritu, mi propio modo de relacionarme y realizarme a mí mismo en cada acto y elección particular. Por eso, «solo consigo mismo el hombre comprende que es culpable»[46]. De allí que pueda suscribirse la idea de Heymel y Möller cuando afirman que el motivo interno del discurso es «provocar al individuo particular, convocarlo»[47]. Este individuo convocado, además de solo, ha de estar en silencio. El que entra al confesorio «busca silencio; el que está en él, está en silencio; aunque se hable el silencio no hace sino aumentar»[48]. La confesión acontece en silencio, porque no se trata de «contar los pecados», sino de reconocer-me a mí mismo pecador «ante Dios», que está en mí, lo cual solo puede ocurrir en silencio. Por ello, cuando el relato de los pecados acompaña mi autorreconocimiento como pecador, el hablar no hace sino «aumentar el silencio». Y lo primero que debe callar en la confesión son las pretensiones de la finitud. Deben «enmudecer los muchos

---

[44] *EM*, p. 110.
[45] *ESK5*, p. 413.
[46] *Ibid.*
[47] Heymel y Möller, *Das Wagnis, ein Einzelner zu sein*, p. 80.
[48] *ESK5*, pp. 392-393.

pensamientos del anhelo y del ansia»[49]. Debe interrumpirse el continuo rumor de los trabajos y el afán de los días para dejar que emerja el silencio, pues en él «está el comienzo que consiste en buscar primeramente el reino de Dios»[50]. ¿Y por qué lo está? Porque quien calla se convierte en oyente, y solo el que está presto a oír puede escuchar la voz de su conciencia y la necesidad de buscar a Dios que habita en lo profundo de sí mismo. Por desgracia, la mayoría de los humanos no tiene tiempo para el silencio, porque están demasiado ocupados en realizarse, en triunfar, en empoderarse, mientras caminan presurosos hacia el fin. Ellos no tienen tiempo para darse a sí mismos la posibilidad de confiar y esperar otra cosa diferente de la muerte y el olvido. «Y ¿por qué? Porque no fueron capaces de callarse»[51]. Por ello Kierkegaard, en *Los lirios del campo y las aves del cielo*, nos interpela y nos dice: «¡Que en el silencio llegases a olvidar tu propia voluntad, tu capricho, para pedirle a Dios en silencio: 'Hágase tu voluntad'!»[52]. Y la voluntad divina es que el hombre no desespere y sea el sí mismo que le ha sido dado ser: un existente finito que necesita de lo infinito que desconoce y que tiene la posibilidad de confiarse a él. Confesarse es reconocer en silencio lo primero y ponerse en camino a lo segundo.

5. El asombro

La entera interpretación filosófica de la confesión como un acontecimiento al que se ve movido todo ser humano

---

[49] Søren Kierkegaard, *Los lirios del campo y las aves del cielo*, trad. de Demetrio Gutiérrez Rivero, Madrid, Trotta, 2007, p. 165.
[50] *Ibid.*
[51] *Ibid.*, p. 168.
[52] *Ibid.*, p. 172.

en tanto tal, aun cuando no adhiera[53] expresamente a una revelación positiva determinada, surge de la tensión dialéctica entre dos dimensiones constitutivas de la subjetividad ya analizadas: la de finitud y la de infinitud. La confesión, como acontecimiento de transformación, representaría una conciliación existencial entre ambas. Tal conciliación no significa la disolución de las dos en una tercera que las contiene y supera, sino la subordinación de la voluntad humana a la divina, esto es, la subordinación de la voluntad de poder realizarme finitamente a la fe, entendida como confianza en que habré de ser-realizado de modo infinito por algo absoluto que desconozco. Ahora bien, este esquema presupone la finitud y la infinitud en la existencia. Sobre la finitud no caben dudas, pero ¿hay realmente algún indicio de que el sujeto esté ligado a y con-movido por algo infinito que desea y que lo insta a la confesión? Si lo hay, no podrá ser un concepto ni una experiencia cognitivo-determinativa de lo infinito, porque el bien supremo, lo absoluto, es desconocido. Sin embargo, hay otra dimensión de la existencia a través de la cual puede testimoniarse esa conmoción por algo que indica o señala lo infinito: es la dimensión del *pathos*, de los temples anímicos fundamentales propios de todo existente humano. En el discurso[54] Kierkegaard se refiere expresamente a uno de ellos, el asombro:

---

[53] Reitero que «no adherir» significa aquí «antes e independientemente de» de cualquier confesión religiosa positiva, no «en contra» ni tampoco «a favor».

[54] Y no solo en el discurso. En la nota 29 de la traducción española, el editor y traductor del discurso, Darío González, hace una muy erudita referencia a los pasajes de la obra de Kierkegaard según los cuales el asombro, punto de partida de la filosofía, es también para el autor el «punto de partida natural del temor de Dios». Cfr. *ESK5*, p. 470.

Los otros bienes tienen nombres y denominaciones, pero allí donde el deseo toma el aliento más hondo, allí donde eso desconocido parece mostrarse, es en el asombro, y el asombro es la sensitividad de la inmediatez para con Dios y el comienzo de toda comprensión profunda[55].

Y poco después agrega: «la expresión del asombro es adoración»[56]. A mi modo de ver, Kierkegaard aquí es muy lúcido. En efecto, quien está positivamente asombrado, lo está ante algo que le parece maravilloso, ahíto de plenitud y prodigio; algo que se apodera de él por completo. Frente a lo asombroso, por un instante, el hombre abandona todos sus afanes y ansias cotidianas y queda a solas consigo mismo, sumido en un silencio profundo. Ello ocurre cuando lo asombroso le hace experimentar que su poder es insignificante y que él mismo no es nada comparado con el portento de lo que asombra. El ejemplo, por antonomasia, de lo que ha asombrado desde siempre a los hombres es el cielo estrellado. Arriba, en la profundidad abisal del cosmos, se trasunta un poder y una magnitud tal que, de cara a ellos, el hombre no puede sino experimentar su impotencia radical y un sobrecogido estremecimiento. Se cierne ahora sobre su vista alzada una suerte de absoluto que a todo abarca, en cuyo seno todo se alberga y de lo cual cada ser y él mismo dependen por entero. Entonces, solo cabe el respeto reverencial ante aquello que se experimenta como supra-potente y absoluto; ante aquello de cara a lo cual, en silencio y sumisión, ya siempre *nos vemos instados a confesar* que, en efecto, nuestro poder es nada. En ese instante la expresión del asombro se vuelve, también, adoración. Así concebido, él funge como *testimonio*

---

[55] *ESK5*, p. 399.
[56] *Ibid.*

pático en el orden fenoménico de encontrar-*nos* concernidos por lo absoluto y supra-potente, por aquello que se nos aparece consumado de un modo tan pleno e im-ponente que nos fuerza a callar y admirar. Pues bien, en la medida en que el asombro, cuando llega a su máxima intensidad, conlleva una admiración que llega a ser respeto reverencial y adoración, y en la medida también en que, en ese asombro sobrecogedor, nos experimentamos a nosotros mismos por completo entregados y supeditados a aquello que nos asombra, el asombro da testimonio del hecho de que el hombre se sabe a sí mismo ya siempre subordinado a algo absoluto e infinito hacia lo que no puede evitar tender. Por ello, bien puede explicitárselo como aquel temple en el que se manifiesta nuestro estar dirigidos hacia y sentirnos supeditados a algo infinito en lo más íntimo de nuestra subjetividad. Por ello también, como observa el autor, «aun el más depurado y racional culto a Dios tiene la fragilidad del asombro»[57]. El asombro, que no es esquivo a ningún humano que no haya decidido ahogarse en la roma cotidianidad y en la falta de espíritu, resulta, pues, seña y medida de que el sí mismo se halla ya siempre en relación con y tendido hacia lo absoluto hasta la adoración.

Nadie pretende negar –y menos que nadie Kierkegaard– que «el asombro, al relacionarse de manera directa con lo desconocido, abarca tanto lo abominable como lo ridículo, tanto lo aberrante como lo pueril»[58] y, por ello, «resultó muchas veces defraudado»[59]. Pero lo decisivo aquí, en nuestro contexto interpretativo, no es la puerilidad o divinidad de aquello ante lo que me asombro, que, por cierto, puede

---

[57] *ESK5*, p. 400.
[58] *Ibid.*
[59] *Ibid.*

41

ser banal. Lo decisivo aquí es que el asombro revela una sensibilidad o «sensitividad» originaria (y no construida o proyectada) de la subjetividad hacia lo absoluto e infinito. Por eso puede decir Kierkegaard que, cuando el asombro alcanza su mayor determinación, esto es, su mayor intensidad y conmoción, «entonces su más alta expresión es que Dios [lo absoluto e infinito por excelencia] es el todo inexplicable de la existencia»[60]. ¿Y cuándo llega el asombro a su mayor determinación e intensidad? Me animaría a sugerir, de modo puramente alusivo y siguiendo la pista difusa que ofrece el propio autor, que ello ocurre cuando él «contiene en sí el temor y la beatitud»[61]. El asombro contiene el temor cuando llego a experimentar de manera inmediata que, en relación con lo asombroso, no puedo nada, que a ello estoy supeditado por completo y que, en última instancia, mi destino está enteramente en sus manos. Es el temor estremecido de la impotencia y la dependencia incondicionada. Pero, concomitantemente, contiene también la beatitud, cuando experimento que lo asombroso ya no es un objeto distinto de mí, sino que, experimentándolo, me experimento a mí mismo cumplido y consumado. Es la beatitud venturosa de haber vislumbrado lo absoluto. Entonces, el asombro se convierte, en verdad, en «el comienzo de toda comprensión más profunda»[62]. Ante lo asombroso en sentido eminente, el hombre se confiesa y adora. Se confiesa, porque reconoce en silencio su propia impotencia y la dependencia integral de su ser. Adora, porque comprende, de un modo no cognitivo[63], que

---

[60] *Ibid.*

[61] *ESK5*, p. 404.

[62] *Ibid.*

[63] En efecto, como el asombro es la relación patética con lo desconocido indeterminable, en él no hay lugar para el conocimiento. De allí que

en lo asombroso se consuma el sentido de todos los seres. Por ello mismo, bien puede decir Kierkegaard de aquel que ha pasado por el acontecimiento transformador de la confesión que el asombro está en él[64].

El que vive en el pecado, el que vive absorbido por la desesperada afirmación infinita de la finitud, no es capaz de asombrarse. Kierkegaard lo sabe: «ya no hay asombro (...), así lo dice el desesperado»[65]. Pero quien no desespera y deja en su existencia tiempo para el asombro, él también experimentará, con temor y beatitud, que necesita confesarse, es decir, que necesita de lo asombroso, a lo que se halla supeditado y en lo que encuentra la plenitud anhelada, para poder conciliar la dimensión infinita y la finita de su existencia y ser, así, consumadamente quien es.

6. Conclusión

Una mirada retrospectiva al conjunto de lo hasta aquí analizado nos permite extraer dos conclusiones convergentes con las dos hipótesis planteadas en la introducción. La primera de ellas mienta el hecho de que (para una lectura que metodológicamente parte de un punto de vista filosófico no confesional) lo más significativo del discurso de Kierkegaard referido a la confesión no radica tanto en un análisis de su significado teológico ni sacramental, ni en un discurso religioso acerca de las virtudes de la confesión, sino en una determinación de su significado en función de los fundamentos que

---

pueda afirmarse que el entendimiento, que solo se refiere a lo que puede él mismo determinar, no puede sino decir «que no hay nada de que asombrarse». *ESK5*, p. 405.

[64] «Pero el asombro está en quien se ha transformado». *ESK5*, p. 406.

[65] *ESK5*, p. 403.

hacen que todo existente humano se halle movido al acontecimiento de la confesión. Dichos fundamentos, como vimos,
se encuentran en el mismo modo de darse de la existencia de
todo hombre. En la existencia, conviene ahora recordar, se
advierte una tensión entre la dimensión de infinitud y la de
finitud, constitutivas ambas del ser del sí mismo. Esa tensión
se resuelve como pecado cuando «ante Dios», es decir, con
conciencia de mi dimensión de infinitud y de mi consecuente
padecimiento de una necesidad de algo absoluto a lo que
aspiro para poder ser plenamente el sí mismo que soy, desespero y niego dicha aspiración o procuro realizarla. Entonces,
reduzco lo posible a mi poder, reniego de mi necesidad de lo
infinito y afirmo que su función la puede cumplir algo finito
que está potencialmente en mis manos. Aquí surge el pecado,
pues su esencia radica justamente en no querer ser o renegar de (dimensión ética) lo que soy (dimensión ontológica):
un sí mismo finito que fue puesto como espíritu que ansía
lo infinito y que solo puede confiar en aquello que lo puso
como tal para la realización de la dimensión de infinitud que
le es constitutiva. El pecado antepone, así, mi voluntad de
poder por sobre el Poder que me puso como el espíritu que
soy. Sobre la base de la tensión existencial, que conduce a la
desesperación y, consecuentemente, al pecado, la confesión
se revela como aquel acontecimiento en virtud del cual se
reconoce el propio ser pecador y se comienza, así, a transformar una existencia sumida en el pecado de la desesperación en otro modo de existir. Este otro modo, abierto por la
confesión y sustentado en la fe, luego de reconocer el propio
ser-pecador, asume, en primer lugar, el ansia de absoluto que
padece el sí mismo y, en segundo, confía en que aquello que
puso en el propio sí mismo ese deseo de infinito de algún
modo lo consume. De esta manera, la confesión resulta ser el

primer paso en la transformación de una existencia desesperada, que afirma infinitamente lo finito (que afirma que algo finito puede satisfacerla infinitamente), a una apoyada en la fe, que afirma finitamente lo infinito (que afirma que algo que no está en su poder finito ni conocer ni realizar puede consumarla infinitamente).

El corolario de esta primera conclusión es que todo hombre en tanto tal se ve movido o instado a la confesión, aunque dependa de la decisión libre de cada individuo particular efectivamente confesarse y transformar su existencia. Y ello porque, como el propio Kierkegaard afirma, el hombre es constitutivamente pecador, la desesperación es universal y «no hay ni siquiera uno solo que no sea un poco desesperado»[66]. Dicho de otro modo, en función de la afirmación de su finitud, que es constitutiva de su existencia, el individuo particular, inevitablemente, a lo largo de su vida, antepone una y otra vez sus intereses y su voluntad finita, pretendiendo realizarse plenamente a través de lo finito. Pero como lo finito no puede colmar su afán de infinitud, todo hombre también, consciente o inconscientemente, cae en la desesperación, lo reconozca o lo reprima. Desde este momento el ser humano se ve instado o «invitado» a la transformación que implica la confesión.

La segunda conclusión a la que nos han conducido las reflexiones sobre el discurso de Kierkegaard radica en que la afirmación de una dimensión infinita como constitutiva de la existencia puede testimoniarse por medio del *pathos* del asombro, que se auto-explicita como aquel temple que trae a la luz que el existente humano fácticamente se encuentra conmovido por algo absoluto, esto es, por algo que trasciende su

---

[66] *EM*, p. 43.

poder y se le revela como aquello que alberga y salvaguarda el conjunto de su existencia. Lo decisivo del fenómeno del asombro es que él pone de manifiesto una sensibilidad originaria y constitutiva de la existencia para con lo absoluto e infinito. Cuando este asombro alcanza su mayor expresión, cuando él contiene dentro suyo a la par el temor y la beatitud a los que Kierkegaard se refiere en el discurso, él deviene asombro ante Dios como aquello inexplicable que consuma toda existencia. Ante esto asombroso en sentido eminente, al hombre solo le cabe confesar su radical impotencia y la completa dependencia de su ser de cara a lo asombroso. Entonces, en el asombro, a la confesión se le unirá un silencioso y reverente acto de adoración.

Si puede ser leída e interpretada en el modo en que aquí se lo ha hecho, entonces la confesión, por más que siempre sea confesión de mi propio ser pecador, no es tan solo un evento ingrato, motivado por el autorreproche y la acre inculpación, sino también uno liberador, que le ocurre a todo aquel bienaventurado que ha dejado que lo absoluto lo asombre y que en su asombro ha confiado.

Capítulo II

La eternidad de a dos. Una interpretación filosófica del discurso «En ocasión de una boda» de S. Kierkegaard[1]

1. Introducción

Hacia el final de *In Vino Veritas*, cuando la noche y el banquete ya habían terminado y los efectos del vino se habían disipado, un grupo de apologetas del amor estético, reunidos por el autor pseudónimo Constantinus Constantius, contempla una escena matrimonial que los deja perplejos: «El consejero se levantó en aquel mismo momento, le dio un beso en la frente a su esposa y ambos, cogidos por el brazo, se perdieron por el sombreado caminito que partía de la glorieta»[2]. Con esta idílica escena Kierkegaard contrasta la superficiali-

---

[1] Una primera versión de este capítulo fue publicada en: Ángel E. Garrido Maturano, «La eternidad de a dos. El concepto y la significación del matrimonio en el discurso En ocasión de una boda de S. Kierkegaard», *Anales del Seminario de Historia de la Filosofía* de la Universidad Complutense de Madrid, vol. 42, n.º 2 (2024), pp. 334-344.

[2] Søren Kierkegaard, *In vino veritas*, traducción de Demetrio Gutiérrez Rivero, Madrid, Alianza Editorial, 2009, p. 168.

dad y evanescencia del gozo inmediato que provoca la pasión ocasional, defendida por aquellos estetas, con la profunda y perdurable felicidad del amor matrimonial, sustentada en un compromiso ético. Permítaseme aquí conjeturar que, en nuestra sociedad occidental postmoderna, orientada de modo creciente a la satisfacción perentoria de los deseos más volubles y al empoderamiento individual, la visión idílica del matrimonio, sugerida por la imagen del consejero y su esposa, cae, cada vez más velozmente, en descrédito. El matrimonio parece convertirse, sobre todo en los contextos urbanos más desarrollados, en una institución heredada del pasado, difícilmente conciliable con el desarrollo personal y limitante para la libre satisfacción de las aspiraciones y objetivos individuales. Por ello, el compromiso integral y absoluto que la boda idealmente implicaba o va desapareciendo en favor de las «parejas» ocasionales o se va convirtiendo en una suerte de acuerdo temporario, que no habría problema alguno en disolver, cuando, por las razones que fueran, alguno de sus integrantes no encuentra en el matrimonio un *instrumento conveniente* para sentirse personalmente satisfecho. Estimo que tanto el número creciente de parejas informales como de divorcios es un buen aval de lo que estoy afirmando. Dentro de este contexto social, cabría preguntarnos lo siguiente: ¿qué sentido podría tener para un sujeto que no pertenece a religión positiva alguna ni, por tanto, considera que el matrimonio sea un sacramento, otorgarle a este último una significación absoluta, que vaya más allá de la satisfacción de los deseos particulares de sus integrantes? En otros términos, ¿tiene algún sentido hoy en día un compromiso matrimonial que una por siempre incondicionalmente a dos seres que se aman? Esta es la pregunta que subyace a y motiva el comentario que aquí comienza. La suposición fundamental desde la cual él se desarrolla es que Søren Kierkegaard, en otro de sus tres discursos de 1845 para ocasiones supuestas, a saber, aquel que se titula *En ocasión de una boda,* permite responder de modo afirmativo tal pregunta y legitimar, desde un punto de vista filosófico, la idea de que el matrimonio no es un instrumento social más o menos funcional, sino un acontecimiento que ofrece a los cónyuges la posibilidad de experimentar en la realidad efectiva una significación o sentido absoluto. Este último transfigura la pasión erótica y la eleva a una dimensión religiosa susceptible de ser experimentada por cualquier sujeto, independientemente de su adherencia o no a una confesión positiva, como, por ejemplo, el cristianismo.

Determinado el ámbito temático, la pregunta que lo delimita y la convicción fundamental desde la cual se abordará el comentario del texto en cuestión, conviene precisar los dos objetivos que persiguen las consideraciones a desarrollarse. El primero surge de una hermenéutica reconstructiva del pensamiento kierkegaardiano sobre el matrimonio desplegado en el discurso *En ocasión de una boda* y se propone tanto reconstruir y articular la significación estética, ética y religiosa que es inherente a un matrimonio genuino, cuanto mostrar en qué medida dichas significaciones acontecen de modo conjunto y concomitante. Para ello, se habrá de poner en diálogo el discurso firmado por el propio Kierkegaard con dos obras de autores pseudónimos: *La validez estética del matrimonio,* aparecida en 1843 dentro de la segunda parte de *O lo uno o lo otro. Un fragmento de vida* y editada por el pseudónimo Víctor Eremita, y *Referencia acerca del matrimonio en respuesta a algunas objeciones,* publicada también en 1845, con el pseudónimo de Hilario el Encuadernador. Desde el punto de vista metodológico podría objetarse la legitimidad de explicitar una obra edificante, firmada por el propio autor, en función del diálogo con obras pseudónimas de carácter filosófico, en las que se responde a objeciones al matrimonio de carácter estético. Al respecto, participo de la convicción, expresada por Niels Cappelørn, de que «el autor comienza con lo estético para acceder a lo religioso y en una perspectiva más amplia a lo cristiano»[3]. Para el destacado especialista, en los escritos estéticos y, fundamentalmente, en *O lo uno o lo otro*, puede reconocerse una significación mayéutica y «lo mayéutico reside entre la productividad sinónima como comienzo y la productividad directamente religiosa como fin»[4]. Concretamente, el carácter mayéutico de las obras pseudónimas estéticas en relación con las estrictamente religiosas radica en el hecho de que los escritos pseudónimos no ofrecen, por cierto, una respuesta inequívoca de cómo relacionarse con lo religioso, pero plantean cuestiones de índole religiosa que pro-vocan en el lector singular la necesidad de una respuesta personal. «De este modo se hace estallar el público en general o la masa en hombres singulares; y precisamente es el individuo singular el lector preferido de los discursos directamente religiosos y edificantes»[5].

El segundo objetivo surge de una ampliación hermenéutica de la previa reconstrucción del significado del matrimonio en el discurso y se propone explicitar en qué medida él puede ser considerado, antes que un mero pacto, un vínculo que testimonia el hallarse los cónyuges concernidos originariamente por lo absoluto, y una consecuente interpelación o

---

[3] Niels Jørgen Capperlørn, «Entweder-Oder in der religiösen Strategie von Kierkegaards Gesamtwerk», en: Deuser, H. y Kleinert, M. (eds.), *Sokratische Ortlosigkeit: Kierkegaards Idee des religiösen Schriftstellers*, Freiburg/München, Alber, 2019, pp. 25-81; p. 76.
[4] *Ibid.*
[5] *Ibid.*

invitación a la trascendencia. Dicho de otra manera, nos proponemos mostrar en qué medida el matrimonio realiza una cierta forma de trascendencia del sujeto y hasta qué punto su posibilidad misma no constituye un testimonio de lo absoluto llamando o interpelando al existente.

Permítaseme, también en el caso del comentario a este segundo discurso, una aclaración acerca del método en cuanto orientado al tema en él tratado. El método aplicado aquí puede ser visto, al igual que en los otros dos discursos comentados, como la complementación de un momento fenomenológico con uno hermenéutico; y su perspectiva, por tratarse de un comentario filosófico, es, como en los otros casos, pre-confesional. Si fenomenología es aquel pensamiento correlativo que intenta describir la esencia de un fenómeno —el matrimonio— a partir del análisis de la correlación en la que este se da, nuestro análisis del matrimonio en el pensamiento kierkegaardiano es fenomenológico, pues procura captar su significación esencial en una correlación entre el padecimiento de una afección originaria, que proviene de lo absoluto y que, por un instante, instala al existente en la eternidad, y el modo en que él asume y realiza en la historia dicha afección. Pero, además, es fenomenológico en cuanto a su intención, pues no quiere demostrar de modo claro y distinto aquello —en este caso la significación religiosa última del matrimonio— que solo se deja entrever al pensamiento de manera oscura y elusiva. En ello, precisamente, radica la actitud fenomenológica: tratar de asir lo que se da tal cual se da y en los límites en los que se da, sin desvirtuar su darse para hacer encajar lo dado con el modelo imperante en otras formas de pensamiento. En este sentido, renuncio a la idea de *demostrar* o *deducir* de principios especulativos o dogmas teológicos que el matrimonio tiene efectivamente un significado religioso, concomitante al ético y estético, y asible a través de las categorías de testimonio y trascendencia. En vez de ello, me conformo con legitimar la posibilidad de preguntarnos si ello es así. En otros términos, me conformo con mostrar aquellos indicios que vuelven legítima la posibilidad de afirmar que el matrimonio es un acontecimiento sagrado que nos vincula con lo absoluto. De este modo, recojo la impronta kierkegaardiana contra el extravío de la razón moderna y su ciega entrega a lo especulativo que, como observa O. Parcero, «pretende tomar por asalto nada menos que aquello que por su naturaleza lo trasciende, y así obsesivamente, 'ir más allá' superando todo límite»[6].

Precisamente por el hecho de que el sentido absoluto y religioso último del matrimonio no se da de un modo tal que resulte deducible por medio de la especulación sistemática, la intención fenomenológica debe complementarse con la anunciada labor hermenéutica. «Hermenéutica» no tiene aquí el sentido de imponer de modo arbitrario un significado ni al matrimonio ni al texto kierkegaardiano, sino el de reconstruir y explicitar, en base nuevamente al esquema interpretativo «algo como algo», aquel significado último y esencial que solo es aludido en el acontecimiento del matrimonio y que se halla implícitamente presente en la concepción que de él tiene el pensador danés. Finalmente, en cuanto a la perspectiva metodológica, esta puede ser determinada —todavía con mayor intensidad que en los otros dos comentarios— como pre-confesional. Lo que le interesa a la investigación no es el elogio de un sacramento. Lo que le

---

[6] Oscar Parcero Oubiña, «Temor y temblor, o la singularidad del silencio». *Anales del Seminario de Historia de la Filosofía*, 40 (1), 2023, pp. 83-93; p. 89.

interesa a ella es, antes bien, determinar, desde un punto de vista estrictamente filosófico, si es posible y hasta qué límite postular, desde el discurso de Kierkegaard, un significado religioso último del matrimonio, susceptible de ser experimentado por todo hombre en tanto tal y no solo en tanto adherente a una cierta teología.

2. El concepto de matrimonio en el discurso «En ocasión de una boda»

El concepto kierkegaardiano de matrimonio en el discurso que nos ocupa se estructura en función de tres aspectos que se compenetran y que conjuntamente realizan un matrimonio genuino. Ellos son la pasión amorosa que vincula a los amantes, la resolución que los compromete a hacer que ese amor venza todas las dificultades que la realidad habrá de presentarle y las condiciones que hacen posible la resolución. La conjunción de estos tres aspectos vertebra y le concede realidad efectiva a la idea rectora del texto entero, a saber: «*Que el amor*, considerado como la resolución del matrimonio, *lo supera todo*»[7].

En relación con el primer aspecto, digamos que el matrimonio, para Kierkegaard, solo puede ser genuino si se funda en el *prodigio del enamoramiento*, si comienza con aquel *pathos* que lleva a los cónyuges a experimentar que yo no puedo ser yo sin que tú seas tú, y viceversa. En caso contrario, este se degrada a la condición de un mero pacto instrumental entre egoísmos, ya sea para la utilización del otro en función de la satisfacción de mis apetitos sexuales, ya para la consecución de cualquier otro interés individual. Cuando ello ocurre, el

---

[7] *ESK5*, p. 422. (Cursivas del autor).

supuesto matrimonio está condenado al fracaso, apenas los volubles intereses de alguno de sus miembros dejen de concordar. Kierkegaard considera indignos del estado matrimonial a aquellos que comenzaron «de manera miserable al considerar el pacto como un acuerdo mundano en vista de una ganancia terrena (…)»[8]. El matrimonio debe unir, entonces, a dos seres que realmente se aman uno al otro. Por ello la bendición nupcial «saluda a los enamorados»[9], aunque no lo haga como vencedores, sino como combatientes que deben preservar el amor que los ha llevado al altar frente a las dificultades que la vida les plantee. Por ello también, la promesa que el celebrante exige solo puede dirigirse a aquellos que son dignos de ella, a saber, los enamorados, a quienes, a fin de cuentas, les ofrece «la solemne oportunidad de pronunciar, libremente y ante Dios, lo que para los enamorados es difícil callar el uno frente al otro (…)»[10]; esto es, que se aman y quieren amarse por siempre. Por ello, finalmente, puede afirmar Kierkegaard de la resolución que instituye el matrimonio que ella lo que hace permanecer y triunfar sobre todas las adversidades no es un pacto ni un modo de vida externo, sino el amor que condujo a los amantes hacia la promesa nupcial. En palabras del propio autor: «El amor permanece, pero la resolución es su lugar de permanencia, (…); el amor es lo refrescante fugaz, pero la resolución es el recipiente en que se lo conserva»[11]. Así vistas las cosas, el gozo espontáneo o inmediato y, en esa medida, estético, de la pasión amorosa propia del enamoramiento no es suprimido en el matrimo-

---

[8] *ESK5*, p. 424.
[9] *ESK5*, p. 423.
[10] *ESK5*, p. 421.
[11] *ESK5*, p. 436.

nio, sino todo lo contrario: por obra del compromiso matrimonial los amantes se resuelven a poner todo de sí para mantener viva esa pasión que los une y en la que ellos aspiran a
permanecer eternamente. El matrimonio no anula, sino que
pretende preservar por siempre ese instante consumado y, en
esa misma medida, eterno de la pasión amorosa, de la que la
propia decisión de unirse ha brotado. En este sentido, puede
establecerse una línea de continuidad entre el concepto de
matrimonio del discurso y lo que los autores pseudónimos
afirman en otros textos encuadrados dentro de la productividad estética. Así, en *La validez estética del matrimonio*,
B no duda en afirmar que lo que se ha propuesto consiste
en «mostrar que el amor romántico puede conciliarse con el
matrimonio y consistir en él, e incluso el matrimonio es el
verdadero restablecimiento de aquel»[12]. Y si puede ser su restablecimiento, ello es posible, porque la única razón[13] que con-

---

[12] Søren Kierkegaard, *Escritos de Søren Kierkegaard. Volumen 3: O lo uno
o lo otro. Un fragmento de vida II*, traducción de Darío González, Madrid,
Trotta, 2007, pp. 36-37. Sigla: *ESK3*.
[13] Un estudio del tema del matrimonio afirma que habría tres argumentos a los que acudiría Kierkegaard para casarse. 1) El matrimonio sería
el lugar apropiado para la propagación de la especie. 2) Evita la soledad
del hombre. 3) Forja el carácter. Y concluye el intérprete: «Nos da la
impresión que de estas tres grandes razones a las que Kierkegaard alude
como causas para casarse, ninguna es suficiente de por sí para optar a
ese estado, aunque la primera y la tercera poseen una mayor justificación y peso que la segunda». Rodrigo Figueroa Weitzman, «Kierkegaard
y el matrimonio», *Veritas*, 30 (marzo 2014), pp. 83-104; p. 102. A mi
modo de ver, el planteo no es correcto. Estos no son argumentos por los
cuales casarse, sino, a lo sumo, consecuencias positivas del matrimonio.
Para Kierkegaard, el único «argumento» para casarse es el amor mismo, el
prodigio de la pasión amorosa que los amantes recogen en la resolución
matrimonial; y no el cálculo de ciertas ventajas que podrían obtenerse
por medio del casamiento.

duce a un matrimonio genuino es el enamoramiento o amor romántico. Por ello mismo B, ante cualquier casamiento de razón que haya neutralizado lo sensual del matrimonio, no duda en plantear la pregunta «de si esa neutralización no es inmoral en la misma medida en que es antiestética»[14]. Y sin duda lo es, porque «allí no se hace presente lo eterno, (...), que es propio de todo matrimonio, pues las consideraciones del entendimiento son siempre temporales»[15]. Y eso eterno no puede ser otra cosa que la «conciencia de eternidad»[16] que constituye el «sello» del amor romántico. Tal conciencia no es, para Kierkegaard, otra cosa que el íntimo anhelo de los amantes de que ese instante eterno y consumado de la pasión erótica, en la que el presente del enamoramiento dota de sentido al conjunto del pasado que condujo a los amantes uno a otro y anticipa la plenitud de todo futuro, nunca se altere. Por todo ello, bien puede concluirse que, tanto en las obras pseudónimas como en el discurso, ambas cosas, el enamoramiento y la resolución, «tienen que acontecer a la par»[17] y que «ambas partes han de estar juntas en el momento decisivo»[18], pues, al fin y al cabo, la resolución por la cual los amantes deciden unirse en matrimonio «coincide con el único deseo, un deber eterno que es la delicia de los ojos y el entusiasmo del corazón»[19]. Para Kierkegaard, entonces, el matrimonio, aunque implique esencialmente una resolución, no puede

---

[14] *ESK3*, p. 33.

[15] *ESK3*, p. 34.

[16] *ESK3*, p. 28.

[17] Søren Kierkegaard, «Referencia acerca del matrimonio en respuesta a algunas objeciones», en: Kierkegaard, Søren, *Kierkegaard*, traducción de Demetrio Gutiérrez Rivero, Madrid, Gredos, 2010, pp. 479-573; 492.

[18] *Ibid.*

[19] *Ibid.*, p. 502.

prescindir de la pasión amorosa[20]. Como bien afirma Suances Marcos, «si se acentúa unilateralmente el compromiso, parece que falta entonces el elemento sensual y erótico que es la base de la atracción entre el hombre y la mujer, sin lo cual el matrimonio carece de sentido»[21].

El segundo aspecto del concepto de matrimonio es *la resolución*. Es este el aspecto sobre el que el discurso más firmemente hace hincapié. Si el matrimonio se funda exclusivamente en la pasión erótica, en el instante en que los amantes

---

[20] Mi interpretación está, así, en las antípodas, por ejemplo, de la de Sophie Wennerscheid, quien considera que en el caso del matrimonio «él [Kierkegaard] no puede disolver la sospechosa cercanía del acto sexual y la caída en el pecado». Sophie Wennerscheid, *Das Begehren nach der Wunde. Religion und Erotik im Schreiben Kierkegaards*, Berlín, Matthes & Seitz, 2008, p. 203. Sobre esa base la autora concluye que «el ideal del amor matrimonial resulta el ideal de un amor no corporal y des-sexualizado». *Ibid.*, p. 204. No considero que haya apoyo textual para esta afirmación. Además, no debe olvidarse que, para Kierkegaard, el pecado es, por excelencia, negarse a ser espíritu y decidirse a sí mismo. El matrimonio, por el contrario, implica una resolución en la que el sí mismo libremente se decide por y se compromete con hacer permanecer la pasión amorosa. Por ello, esta última, en tanto albergada por el matrimonio, mal puede considerarse un pecado. En el polo opuesto se encuentra Elfriede Tielsch, con cuya lectura concuerdo plenamente. En un excelente estudio, hoy algo antiguo, pero no por ello anticuado, la estudiosa ya había observado que «incluso en los años tardíos donde se podría creer que su creciente religiosidad (…) lo podría haber llevado a pensar de otra manera, Kierkegaard caracteriza una concepción tal de la pareja [una puramente ético-religiosa que desatienda la pasión amorosa] como una inversión casi indecente». Elfriede Tielsch, «Kierkegaard und die Phänomenologie der Ehe», *Zeitschrift für philosophische Forschung*, 11 (1957), pp. 161-187; p. 167.
[21] Manuel Suances Marcos, *Sören Kierkegaard. Tomo II: Trayectoria de su pensamiento filosófico*, Madrid, Universidad Nacional de Educación a Distancia, 1998, p. 92.

experimentan que son uno para el otro, nada garantiza que, al instante siguiente, cuando se hagan presentes las adversidades y tentaciones, la pasión, abandonada a sí misma, no fluctúe y el matrimonio entre en crisis. Por ello el amor romántico, para generar un verdadero matrimonio, necesita de otra instancia, que él en sí mismo no contiene, pero a la cual debe recurrir para que lo confirme a cada instante y lo sostenga. Esa instancia es la libre resolución o decisión de los amantes. «El matrimonio reposa en una decisión, mas una decisión no es directamente el resultado de la espontaneidad del amor»[22]. Ella resulta de una reflexión[23], por la cual me decido libremente a sostener a lo largo del tiempo y contra todas las dificultades la relación amorosa generada por la espontaneidad de la pasión. La resolución sintetiza, así, la libertad de la que ella surge con la necesidad de la pasión amorosa sufrida y la espontaneidad del enamoramiento con la reflexión que conduce a tomar la decisión de comprometerse con él. La resolución, sintetizada con el enamoramiento, constituye, entonces, para Kierkegaard, la condición y comienzo de cualquier matrimonio. «La vida de la libertad exige un comienzo, y un comienzo es en este caso una resolución»[24]. En ella hay que distinguir cuatro notas distintivas: el amor como contenido de la resolución; la historización de lo eterno como su temporalidad; su carácter libre y común; y, finalmente, la seriedad como su temple. Veamos cada uno de ellas. En primer lugar, aquello a lo que se resuelve la resolución no es diferente, en lo que al contenido respecta, de aquello que experimentan y

---

[22] Søren. Kierkegaard, «Referencia acerca del matrimonio…», p. 493.
[23] Cf. *ibid.*, p. 546.
[24] Cf. *ESK5*, p. 423.

quieren seguir experimentando los amantes. A través de la resolución ellos se resuelven a seguir haciendo, a lo largo de sus vidas, lo que ya hacen en este instante y con lo cual quieren proseguir: la resolución se resuelve a amar y a que el amor permanezca y supere todas las dificultades. Kierkegaard es explícito al respecto: «Hay una sola resolución, que es común a todos [los matrimonios], o que puede serlo: que el amor lo supera todo»[25]. La misma idea la encontramos en «Referencia acerca del matrimonio…»: «Por lo pronto, lo que quiere la decisión es *mantener el enamoramiento a todo trance*»[26]. El compromiso con el amor al cónyuge es, pues, el único contenido de la resolución. En tanto la resolución se com-*pro*-mete con el amor, su primera nota distintiva nos conduce directamente a la segunda: la resolución temporaliza el amor por el que se resuelve, de modo tal que vuelve histórico el instante de eternidad que los amantes experimentan en el ápice de la pasión. En efecto, el amor es un «prodigio»[27]. Solo «se presupone a sí mismo, remontándose tan lejos, que toda investigación acaba en un origen inexplicable»[28]. En la vivencia de ese prodigio, que no presupone ningún antecedente y que resulta tan consumado que pareciera, por un instante, que ningún futuro puede agregarle nada, los amantes experimentan una suerte de émulo de la eternidad: un instante que contiene la plenitud del tiempo, ahíto de sentido. Se trata del «instante eterno del abrazo»[29]. Pero ellos saben muy bien que esa «eternidad», reducida a su naturaleza sensual, es efímera, y que su amor puede

---

[25] *ESK5*, p. 440.
[26] Søren Kierkegaard, «Referencia acerca del matrimonio…», p. 553.
[27] Cf. *ESK5*, p. 423.
[28] *Ibid.*
[29] *ESK3*, p. 29.

terminar siendo la ilusión de un día. Esta incertidumbre perturba a los verdaderos amantes y les resulta insuficiente. El amor genuino necesita «asumir lo eterno en su tiempo»[30]. Él quiere permanecer por siempre, quiere que ese instante eterno vislumbrado no se esfume, como se esfuman los abrazos, sino que se vuelva una eternidad auténtica; una que albergue dentro suyo la temporalidad entera y que haga que el instante prodigioso se extienda a lo largo de la vida de los amantes. El verdadero amor –y he aquí lo propiamente divino del fenómeno– se siente dominado por un deseo de absoluto, por una necesidad de incorruptibilidad. En otros términos, él tiene «conciencia de eternidad». Por ello, necesita volverse histórico, haciendo permanecer el instante eterno del amor a lo largo del tiempo. Precisamente a esto es a lo que se compromete la resolución. Ella vuelve temporal e histórico, temporalizándolo como un presente una y otra vez renovado, el instante eterno del enamoramiento. En este sentido, la resolución, comprometiéndose a sostener el amor contra todas las adversidades y fortaleciendo a los cónyuges para que salgan airosos en los combates que su amor habrá de librar[31], le otorga al amor romántico aquello de lo que él carece: una temporalización histórica. Ella se compromete, para decirlo con una fórmula breve, a hacer que lo eterno acaezca reiteradamente en el tiempo. Por ello mismo lo que quiere la bendición nupcial no puede ser otra cosa que lo siguiente:

En la rigurosa disciplina de la resolución, eliminar las fantasías y las ilusiones, y proveer al amor un seguro resguardo en la inasediable for-

---

[30] *Ibid.*
[31] Cf. *ESK5*, p. 423.

tificación del deber, y dar a quien se ha resuelto un nuevo entusiasmo y, a través del tiempo, cotidiano asombro ante su felicidad[32].

En consecuencia, es gracias a la resolución que el amor conyugal se desarrolla en el tiempo, posee una historia y tiene continuidad y duración. Y ello –como observa Pareyson– «porque es una eternidad que vive en una sucesión homogénea de instantes, en resumen, porque es una síntesis de tiempo y eternidad»[33]. Esta síntesis, que acontece en la resolución y que debe ser obrada por los amantes, explicita o clarifica el significado del contenido de la resolución. Que el amor lo supera todo no significa que *lo ha superado todo*, sino que *ha de superarlo todo*. Pues, tal cual se afirma respecto del amor humano en *Las obras del amor*, «cuando hablamos de que el amor permanece, se muestra fácilmente que se trata de una obra»[34]. En el caso de la permanencia del amor matrimonial aquella no es una cualidad que el enamoramiento posea sin más, «sino una cualidad adquirida a cada instante y que, además, en cada instante en que es adquirida es también una obra activa»[35]. Esa es la obra a la que conduce la resolución. La tercera nota distintiva suya es su carácter libre y común. Kierkegaard, ya desde el comienzo del discurso, recalca que la promesa matrimonial «es un acto libre»[36] y que, consecuentemente, el matrimonio «es la resolución de la libertad»[37].

---

[32] *ESK5*, p. 430.
[33] Luigi Pareyson, *Kierkegaard Himeneo*, traducción de Constanza Giménez, Santiago de Chile, Beuvedrais editores, 2008, p. 79.
[34] Søren Kierkegaard, *Las obras del amor*, traducción de Demetrio Gutiérrez Rivero, Salamanca, Sígueme, 2006, p. 363.
[35] *Ibid.*
[36] *ESK5*, p. 419.
[37] *Ibid.*

Páginas después puntualiza también que en el matrimonio «se trata de una resolución *en común*, y no de que dos, sin resolución alguna, sientan lo mismo en el mismo instante»[38]. El carácter de decisión «libre» y «en común» le otorga a la resolución su aspecto más estrictamente ético. En efecto, por ser la resolución una decisión libre, que conlleva responsabilidades para con sí mismo y para con el otro, el matrimonio es, también, un acontecimiento ético. Esta idea se refuerza si se tiene en cuenta el carácter común de la resolución. Al resultar de dos libertades que, *en tanto libertades*, se comprometen en común la una con la otra, el matrimonio, si es genuino, implica el mutuo respeto entre los cónyuges y rechaza la idea de la subordinación de la libertad de uno a la del otro. La cuarta y última nota distintiva de la resolución es su seriedad. También aquí Kierkegaard es explícito: «La resolución misma es la seriedad»[39]. ¿Y qué habrá de entenderse por seriedad? El filósofo nos da un indicio decisivo para responder a esta pregunta: «La seriedad está en el hombre mismo»[40]. La resolución, cuando es seria, compromete al que se resuelve en su totalidad, compromete al hombre *íntegramente*. Por ello, los contrayentes enlazan *el conjunto* de sus vidas a través de ella. Aquí vida significa, como observa M. Theunissen, «no las eventualidades que pudieran ocurrirme desde fuera, sino la totalidad de las posibilidades advenideras de ser para mí esenciales»[41]. Dicho de otro modo, la resolución es seria cuando cada cónyuge se compromete a enlazar su amor por el otro con el conjunto de posibilidades fácticamente posibles

---

[38] *ESK5*, p. 425 (cursivas mías).
[39] *ESK5*, p. 433.
[40] *ESK5*, p. 435.
[41] Michael Theunissen, *Der Begriff Ernst bei Sören Kierkegaard*, pp. 138-139.

hacia las que puede orientar el todo de su vida. Si ello ocurre, «yo advengo a mi propio ser, hacia mí mismo»[42]. Y solo en cuanto tomada por un sí mismo puede la resolución ser seria. Cuando no es seria, cuando no compromete el conjunto de mi vida, el matrimonio, por mucha boda que se celebre, no acontece. De allí que pueda preguntarse Kierkegaard si, en la mayoría de los casos, los matrimonios que fracasan han verdaderamente comenzado alguna vez; o (lo que es equivalente) si acaso lo que ocurrió en ellos no es que alguno de los esposos «careció de la seriedad suficiente como para renunciar a los mimos y a la tentación del instante y (...) someterse a la rigurosa disciplina de la resolución»[43].

La consideración de esta nota distintiva de la resolución nos remite de modo directo al tercer y último aspecto del concepto kierkegaardiano de matrimonio: las condiciones que hacen posible la resolución. Son dos. La primera la formula Kierkegaard en estos términos:

Pero a aquel que en la bendición nupcial vincula la vida de otro ser humano a la suya, a aquel que en la bendición nupcial contrae un compromiso que ningún tiempo puede deshacer y cuyo cumplimiento se requerirá cada día, a ese se le exige una resolución y, en esa resolución, por tanto, una idea efectiva de sí mismo[44].

La primera condición, entonces, para que sea posible la resolución, es tener una idea o representación de sí mismo. Esta idea de sí debe, por un lado, ser *total*, debe abarcar al conjunto de la existencia del sí mismo. En caso contrario no

---

[42] *Ibid.*, p. 139.
[43] *ESK5*, p. 429.
[44] *ESK5*, p. 432.

sería propiamente una idea de sí, sino, a lo sumo, de algunas circunstancias que me tocase vivir o de algún período de mi vida; y, por otro, debe ser *efectiva*. Con la mención del carácter total de la idea de sí se mienta lo mismo a lo que se aludía con la seriedad, a saber, el estar dirigido o proyectado al conjunto de posibilidades fácticas que me están dadas en función de lo que la realidad en la que me toca vivir me ofrece y, también, en función de las limitaciones que ella me impone. Por eso, en la resolución, no solo me comprometo con el otro, sino con mi propio «sí mismo», con una comprensión proyectiva del conjunto de mi vida, fácticamente posible, que habré de vincular con la del ser que amo. En cambio, «donde falta la representación de sí mismo, allí no llega la resolución a su dimensión propia»[45]. Y no lo hace porque la resolución no queda referida a la realidad efectiva de mi vida, que desde ahora pretendo unir a la de otro ser, y de la cual esa resolución debiera constituir el comienzo. Es la referencia a esa realidad efectiva lo que le otorga a la resolución su seriedad y la distingue de una mera intención, la cual carece de la seriedad necesaria para constituir un matrimonio. De allí que pueda decir Kierkegaard «que esta idea efectiva acerca de sí mismo, y esta intimidad de la idea, es la seriedad»[46]. Pero, además de abarcar la realidad total del sí mismo, la idea de sí debe ser *efectiva*, es decir, no debe tratarse de una mera representación ideal de lo que me gustaría disfrutar con el otro; no debe ser una representación de carácter puramente poético, para utilizar el lenguaje de Kierkegaard. Por el contrario, ha de ser una representación de la existencia conjunta fácticamente posible de los dos contrayentes; y —esto es lo esen-

---

[45] *Ibid.*
[46] *Ibid.*

cial– esa representación debe llevarlos a realizar o efectuar conjuntamente tales posibilidades fácticas, debe conducirlos a ir haciendo ser su realidad efectiva juntos. Dicho en otro lenguaje, no kierkegaardiano, ha de tratarse de una representación o idea performativa.

A esta primera condición para tomar una resolución que acoja en sí la pasión y temporalice en la historia de los amantes el instante eterno del enamoramiento se agrega una segunda, que Kierkegaard enuncia en estos términos: «Pero allí está contenido ya el otro gran requerimiento, el cual es como el primero: una *idea efectiva acerca de Dios*»[47]. De esta idea de Dios se nos dice que está implicada en la idea efectiva de sí mismo, pues nadie puede tener «una idea efectiva acerca de sí mismo sin una equivalente acerca de Dios»[48]. De modo que puede afirmarse que la idea de Dios «no viene tampoco como un agregado accidental respecto de aquella idea acerca de la vida y de uno mismo; por el contrario, viene a coronarlo y penetrarlo todo, y estaba presente antes de hacerse evidente»[49]. ¿Cómo entender esta idea de Dios que nos es requerida? ¿Significa ello que el matrimonio y la resolución solo son posibles para los que tienen una representación de los dogmas de la iglesia cristiana y que, por tanto, solo los creyentes en ellos pueden casarse? ¿Significa, acaso, que sin una formación teológica convincente y sin una creencia en los dogmas respectivos el matrimonio es una ilusión? No me parece que esta sea una interpretación necesaria. Kierkegaard insiste en que la idea de Dios es equivalente a una idea de sí y de la vida. Si nos atuviéramos a una interpretación confe-

---

[47] *ESK5*, p. 436.
[48] *Ibid.*
[49] *Ibid.*

sional estricta, debiéramos concluir que ningún hombre no cristiano puede tener una idea del conjunto de su vida ni, en consecuencia, ser propia o cabalmente un hombre. No me parece –reitero– esta una conclusión ineludible. Michael Theunissen, refiriéndose a esta segunda condición, observa que no se puede apuntar a forjar una idea de sí mismo ni, consecuentemente, una resolución sin que Dios esté en la mira, «porque, a pesar de todo, el sí mismo está puesto por Dios»[50]. De allí que la resolución solo pueda consumarse, «cuando a la representación efectiva de la vida y de sí mismo se le asocia la idea efectiva de Dios»[51]. Sin embargo, estrictamente hablando, Kierkegaard no dice que a la idea de sí mismo hubiera que asociarle o agregarle una idea de Dios. Él manifiesta, por el contrario, que la idea de Dios «penetra» la idea de sí mismo y está presente en ella «antes» incluso de hacerse evidente. ¿Cómo entender, pues, esta correspondencia entre la idea de sí y la de Dios que la penetra, sin aferrarse a una interpretación teológica o confesional y sin sumar o asociar dos ideas separadas? En lo que sí se me permitirá concordar con Theunissen es en afirmar que no se puede tener una idea de sí sin tener en cuenta el haber sido «puestos por Dios». ¿En qué medida esto es así? Desde un punto de vista filosófico, que Dios puso al sí mismo no puede significar otra cosa que un poder absoluto, esto es, un poder que no sabemos propiamente qué es, pero que se ab-suelve de todo determinismo natural, hizo posible que emerja un ente –hasta donde sabemos el ser humano– que existe como espíritu libre, es decir, como un ser consciente que tiene una idea de sí y que, más allá de toda determinación natural, puede

---

[50] Michael Theunissen, *Der Begriff Ernst bei Søren Kierkegaard*, p. 139.
[51] *Ibid.*

elegirse a sí mismo y su propia vida. Se trata, en efecto, de un poder absoluto, en cuanto es capaz de absolverse incluso del tiempo mismo, a través del cual la totalidad de las determinaciones naturales causales se despliegan, y hacer emerger una libertad que no responde a dichas determinaciones. De acuerdo con ello, tener una idea de Dios es inescindible de comprenderse o vivenciarse (aunque esta comprensión no se explicite conceptualmente) desde el propio origen ligado a algo absoluto e incondicionado que hizo posible mi existencia como espíritu. Dicho de otro modo, significa experimentar en mi propio ser que mi existencia está referida a algo absoluto, incondicionado, eterno, que está más allá del tiempo mismo y que el tiempo no puede generar ni, por tanto, aniquilar. Ahora bien, experimentar mi ser ligado a lo absoluto, experimentar que lo absoluto penetra la idea de mí mismo y está presente en ella aún antes de evidenciarse, solo puede concretarse en un ser finito como *padecimiento* de una aspiración a lo absoluto, como tendencia o tensión hacia algo absoluto a lo que el existente *se experimenta* originariamente referido. Solo cuando tengo la idea de que mi existencia «apunta a» o está «en tensión hacia» algo absoluto, puedo tener una idea de mí mismo que no puede desvincularse de la idea de Dios. Precisamente en la resolución, que conduce al matrimonio, esta idea de Dios, equivalente a la idea de mí mismo, se vuelve *efectiva*, genera un efecto, a saber, el matrimonio mismo, pues en la resolución le concedo al vínculo matrimonial una significación absoluta, es decir, apunto a realizar en él un sentido absoluto que no debe sojuzgarse al paso del tiempo ni someterse a las condiciones que le imponga la finitud. De este modo, en la resolución, los cónyuges dan *testimonio* de que «les ocurre» o padecen originariamente la aspiración de dirigir el conjunto de su existencia en común hacia algo absoluto a lo que se experimentan referidos. Concretamente, hacen esto a través de declarar su necesidad de y su apuntar hacia un amor absoluto. Desde esta perspectiva hermenéutica, se puede ahora llegar a entender por qué la resolución es imposible sin una idea de Dios. Solo quien experimenta que el conjunto de su existencia, en tanto puesta por un poder absoluto, se halla referida a, ligada con y menesterosa de algo absoluto, puede necesitar darle al vínculo que une esa existencia entera con otra un carácter absoluto, hasta el punto de llegar a una resolución que lo compromete por entero. Además, solo esa persona puede sentir íntimamente la *fe* en que esa resolución y ese amor absoluto, con los cuales se compromete, son posibles. Así vistas las cosas, la resolución, cuando es genuina, implica el testimonio de nuestro sentirnos llamados hacia lo absoluto y, concretamente, en el caso del matrimonio, llamados a obrar para que el amor que nos une y que define quiénes somos sea un amor absoluto, como así también a tener fe en que ello es posible. La pretensión de la resolución es, si solo se tiene en cuenta la finitud humana, quizás desmesurada. Sin embargo, el hombre, que vuelve efectiva su idea de sí y la de Dios que lo puso como tal, se sabe referido a lo absoluto y, por tanto, necesita encaminar su existencia, proveniente de lo absoluto, hacia algo absoluto. Ello es lo que lo lleva a resolverse a mantener absolutamente el amor que ha padecido en sí como un don absoluto.

Hemos recorrido los tres aspectos implicados en el concepto de matrimonio genuino: el enamoramiento, la resolución y las condiciones que la posibilitan. Solo cuando ellos se dan conjuntamente el matrimonio acontece y vuelve real y efectivo lo prometido en la bendición nupcial: «que el amor lo supera todo».

3. La significación estética, ética y religiosa del matrimonio

La significación estética del matrimonio es clara y consiste, como vimos, en el hecho de que él brota del enamoramiento que une a los amantes o, como también lo llama
B en *La validez estética del matrimonio*, del «primer amor».
Lo que hace el matrimonio, por obra de la resolución, es
comprometerse a darle perdurabilidad histórica a ese efímero
émulo de eternidad vivido en la pasión. Por lo tanto, «el primer amor y el matrimonio pueden subsistir el uno junto al
otro»[52]. De allí, también, que el gozo inmediato –y en este
sentido estético– que provoca el enamoramiento y su sensualidad sea inseparable de un matrimonio genuino. Esta
significación estética puede ser analizada como una peculiar
unión de espontaneidad inmediata y reflexión, de necesidad
y libertad. En efecto, el «primer amor», el «amor romántico»,
el enamoramiento acontece como una espontaneidad, como
algo que padezco, que me ocurre necesariamente, sin que yo
pueda o no elegirlo. Pero, a la par, es tan intenso el gozo que
el estar enamorados provoca en esos dos seres que ellos no
pueden sino elegir ese amor, volcar en él todas sus energías
y comprometer con él todo su ser, pues experimentan que
solo en virtud de un amor tal ellos pueden ser quienes son.
En el matrimonio se consuma, así, la unión entre el gozo
inmediato y espontáneo del amor con la reflexión que lleva
a los contrayentes a decidir libremente mantener ese amor,
que, para ellos, resulta absoluto, contra todas las adversidades. Con la peculiaridad de que la reflexión no transforma
la esencia del primer amor, sino que tan solo «lo acoge en

---

[52] *ESK4*, p 50.

una concentricidad más vasta»[53], a saber, aquella que le da perdurabilidad e historia. De allí que, cuanto más genuino e intenso sea el enamoramiento padecido y, por tanto, cuanto más necesario sea cada uno de los amantes para que el otro respectivo pueda ser quien es, tanto más libre de todo condicionamiento externo y tanto más firme es la resolución que eleva ese primer amor al matrimonio. Ello es lo peculiar del matrimonio: cuanto más libremente lo elijo y más firme es mi reflexión y la resolución a la que me conduce, tanto más amo al otro y más padezco la necesidad inmediata y espontánea de aquel a quien amo para ser quien soy. El matrimonio, entonces, refiriendo el enamoramiento a Dios en la resolución, no aniquila la dimensión estética que es propia de este, sino que la conserva. «Si es posible conservar el amor –y lo es, con ayuda de Dios– entonces lo estético puede conservarse también, pues el amor mismo es lo estético»[54]. Finalmente, hay un último punto que me parece importante considerar para comprender la relación entre la significación estética y la religiosa del matrimonio: la inmediatez. El gozo del primer amor es una inmediatez. Pero la fe en que es posible realizar mi deseo de volverlo absoluto, que también padezco, es decir, *la fe* en que ese amor y ese gozo pueden permanecer por siempre y resultar incondicionados, que es aquello que propiamente experimento cuando tomo la resolución, es también el padecimiento de una inmediatez. Sin embargo, ahora se trata de una inmediatez de índole religiosa[55]. Esta

---

[53] *ESK4*, p. 51.

[54] *ESK 4*, p. 115.

[55] Gerhard Schreiber, en su excelente estudio sobre la relación entre inmediatez y fe en Kierkegaard, ya ha observado «que la subordinación de lo inmediato a lo estético de ninguna manera puede entenderse en términos exclusivos». Y líneas más adelante agrega: «Como el modo y

inmediatez no entra en conflicto, sino que se conjuga con la inmediatez estética. En efecto, la reflexión me puede llevar a tomar la decisión de resolverme por aquello que para mí tiene un sentido absoluto; un sentido al que me convendría sacrificar cualquier otro interés, pero no es la reflexión la que me convence de que ese amor tiene un sentido absoluto, ni la que es cierta de que puedo superar todo peligro y tentación, ni la que evalúa a priori como segura la superación de todas las dificultades que enfrente el amor, por desafiantes que ellas resulten. No la reflexión, sino la fe inmediata y espontánea en que es posible realizar históricamente el amor absoluto al que tiendo es la que resulta cierta de ello. «De este modo el prodigio del enamoramiento [que, como tal, es inmediato] queda incorporado en un prodigio [igualmente inmediato] de la fe, el prodigio [estético] del enamoramiento es asumido en un prodigio puramente religioso»⁵⁶. La defensa kierkegaardiana de la significación estética del matrimonio, lejos de oponerse a su significación religiosa, se transforma, entonces, «en un discurso relativo a la posible conciliación entre lo estético y lo religioso»⁵⁷. Donde la conciliación gira en torno de la idea de que la inmediatez estética del amor se aúna con la inmediatez religiosa en la fe en que ese amor puede perdurar, es decir, en

---

manera en que el hombre se encuentra ya siempre dado a sí mismo (…) la inmediatez sigue siendo un punto de referencia también para los estadios de lo ético y de lo religioso, que se distinguen por su distinta *relación* a la inmediatez». Gerhard Schreiber, «Glaube und Unmittelbarkeit bei Kierkegaard», en: Cappelørn, N. J., Deuser, H. y Söderquist, B. (eds.), *Kierkegaard Studies. Yearbook 2010*, Berlin/New York, De Gruyter, 2011, pp. 391-425; p. 418.
⁵⁶ Søren Kierkegaard, «Referencia acerca del matrimonio», p. 554.
⁵⁷ Darío González, «Estudio introductorio», en: Kierkegaard, Søren, *Kierkegaard*, p. cvi.

la fe en que el amor, que viene hacia mí y me acontece como un don absoluto e incondicional, puede ser realizado absoluta e incondicionalmente en la vida. De este modo, la inmediatez estética tiende a la inmediatez religiosa y se vuelve un testimonio de nuestro estar referidos a o concernidos por lo absoluto en el amor que une a dos seres.

Pasemos ahora a la significación ética. El matrimonio se instala en el estadio ético, en primer lugar, en cuanto implica una decisión de sí. Y no una cualquiera, sino una en función de la cual se orienta la realización práctica del conjunto de la existencia de los cónyuges o, como se afirma en «Referencia acerca del matrimonio», en cuanto este matrimonio, por el que ellos se han decidido, es, para los esposos, un «*telos* supremo de la vida»[58], con el cual se hayan comprometidos. En segundo lugar, el matrimonio significa de modo ético, porque la resolución implica una promesa y, por tanto, el deber recíproco de cada uno de los esposos para con el otro de asumir efectivamente ese matrimonio como *telos* supremo. Y, en tercero, porque esa resolución solo tiene sentido si cada uno de los contrayentes la sostiene libremente, por lo cual el matrimonio implica de suyo el deber ético de respetar la libertad del otro. Pero, más allá de ello, el matrimonio es ético en cuanto tomar el amor como *telos* conlleva el compromiso de una entrega incondicionada al otro. En efecto, la resolución promete anteponer mi amor al otro a mis intereses egoístas y, así, confiesa que uno ama al otro más que a sí mismo o, mejor aún, que ese amor al otro *es* su sí mismo. «¿Y de qué otra manera podría mostrarse esto, sino solo porque se es para otro, sino porque no se es para sí (…)?»[59]. El amor

---

[58] Søren Kierkegaard, «*Referencia* acerca del matrimonio», p. 497.
[59] *ESK4*, p. 102.

es, entonces, entrega, «pero la entrega solo es posible porque salgo de mí mismo (…)»[60]. Por eso, en *Las obras del amor*, se identifica la actitud del «tirano casero», que representa todo lo contrario del esposo genuino, el que ama a su esposa tal cual es, como un «no querer imperiosamente salir nunca de sí mismo»[61], como un «querer imperiosamente triturar la peculiaridad del otro ser humano»[62]. En una palabra, en la medida en que la resolución implica el compromiso de «ser-para» o entregarse a otro y respetarlo en su peculiaridad de tal[63], el significado ético del amor es inescindible de un impulso a salir de sí hacia el otro para realizar absolutamente ese amor, es decir, es inescindible de un impulso de trascendencia. En ese impulso se anudan lo ético, en tanto la trascendencia se concreta como «para el otro», con lo religioso, en cuanto lo que nos mueve a ir hacia el otro es la resolución a volver a ligarnos, una y otra vez, con el absoluto del amor padecido, realizándolo como incondicional a lo largo de la vida entera.

Llegamos, así, a la cuestión de la significación religiosa del matrimonio. No corresponde a la perspectiva de esta reflexión ni apelar a su condición sacramental ni realizar una argumentación de orden teológico. De lo que se trata es de poner a la luz si el matrimonio, tal cual Kierkegaard lo comprende en el Discurso *En ocasión de una boda*, permite o posibilita a una lectura pre-confesional encontrar en él algún tipo de significación religiosa. Como hemos ido adelantando a lo largo de todo este estudio, dicha significación puede centrarse en el hecho de que el matrimonio testimonia nuestro

---

[60] *Ibid.*

[61] *Ibid.*

[62] *Ibid.*

[63] «El amor verdadero ama a cada ser humano según la peculiaridad de este». Søren Kierkegaard, *Las obras del amor*, p. 326.

estar referidos a o movidos hacia lo absoluto bajo la forma del padecimiento de una necesidad de absoluto, que lleva a los contrayentes a querer afirmar por siempre y darle realidad y perduración histórica a un absoluto padecido: a aquel prodigio del amor en el que percibieron, consumados, todos los tiempos y todas las posibilidades de sus vidas en un solo instante eterno. En este sentido, el hecho de que dos seres humanos se *experimenten llamados* a procurar, una y otra vez, la ocasión que permita mantener vivo el carácter primigenio del prodigioso primer amor[64] que los reunió, legitima la posibilidad de postular un re-ligamiento del existente con lo absoluto por medio del amor matrimonial. Se trata de un religamiento que, en el matrimonio, lleva implícito tanto un desafío a la muerte y a los numerosos rostros de la finitud cuanto un acto de fe en lo absoluto mismo. Un desafío, no una victoria sobre la muerte, porque los amantes se hallan

---

[64] En un reciente estudio dedicado a la cuestión del primer amor en el pensamiento de Kierkegaard se ha afirmado, a mi modo de ver con razón, que lo único que mantiene vivo a ese primer amor y –agregaría yo– a cualquier enamoramiento consumado es procurar la ocasión para que ello ocurra. «Si queremos mantener el carácter primigenio del amor, debemos procurar la ocasión (…) en su realidad existencial específica». Rafael García Pavón, «Regine y Kierkegaard: la ocasión de un primer amor como único amor. Experimento lírico cinemático», *Estudios kierkergaardianos,* 8 (2022), pp. 93-119; p. 105. A mi modo de ver el matrimonio consiste, precisamente, en el compromiso de procurar renovar esa ocasión. En este punto se plantea la pregunta de por qué debería querer y resolverme a procurar tal cosa. Nuestra interpretación, basada en la fe inmediata en que, a pesar de las inmensas dificultades que se le revelan enseguida a la reflexión, ello pueda llegar a ser posible, radica en que nos experimentamos de modo inmediato interpelados a ello. Lo Absoluto, que se manifiesta en el don del amor, nos interpela a realizar el amor absolutamente. En esa interpelación, asumida por el matrimonio, radica el vínculo con lo Absoluto y el sentido religioso del fenómeno.

movidos a realizar en el matrimonio un acontecimiento cuyo sentido –perpetuar la obra del amor y el amor como obra a través de las generaciones– es experimentado como uno que va más allá de sus propias vidas individuales. E implica, también, un acto de fe, en la medida en que creer que «el amor habrá de superarlo todo» no surge de una sesuda reflexión, sino de un acto de fe inmediata que los amantes asumen y con el cual se comprometen.

Así analizado, el matrimonio se nos descubre en su esencia, esto es, en aquello que hace que la resolución matrimonial acontezca y se sostenga como tal, como un acontecimiento en el que se corresponden una interpelación de lo absoluto, eternamente renovada por cada pareja que se compromete, y una respuesta, que libremente asume y procura realizar en la historia esa interpelación La interpelación no es otra que el experimentarnos llamados o movidos a la posibilidad de recorrer juntos, a lo largo de la vida, el prodigioso instante de eternidad que alguna vez nos fue dado; y la consecuente posibilidad de la fe en que los humanos podemos encaminar hacia algo absoluto el amor padecido. En esa interpelación se testimonia doblemente nuestro estar referidos a o ligados con lo absoluto mismo. Primero, en el instante del amor que nos sobreviene, en el que vislumbramos, en esta vida finita, una intensidad vital y una plenitud que no aceptan sojuzgarse a finitud alguna. Segundo, en el padecimiento de la aspiración a realizar y de la fe en que es posible realizar entre seres humanos el amor como un sentido absoluto, en cuanto incondicionado, de la vida. La respuesta a esa interpelación es libre. Los amantes pueden o no asumir el compromiso y la posibilidad de la fe que les es ofrecida. Pueden, para decirlo de modo kierkegaardiano, detenerse en lo puramente estético, o pueden, también, carecer de la fuerza para sostener la resolución. La respuesta bien puede ser negativa y hasta, como sucede en la sociedad actual, vanagloriarse de ello. Lo que no puede es negar su carácter de respuesta y en la respuesta dejar resonar la llamada.

4. Conclusión

Refiriéndose al sentido último de su propio discurso *En ocasión de una boda*, escribe Kierkegaard: «De esta manera, oyente mío, en tanto el discurso ha buscado esclarecer el sentido sagrado del matrimonio, te ha hecho evocar lo que tú mismo has pensado a menudo, pues el discurso está lejos de aportar una enseñanza»[65]. La lectura que aquí hemos realizado del discurso procuró, por medio de la explicitación y reconstrucción hermenéutica, ser fiel a la intención del propio Kierkegaard y colaborar con la elucidación del sentido sagrado que mora en la idea de matrimonio, cuando él es genuino y se sustenta en una resolución tomada sobre la base de un amor verdadero y acompañada por una representación efectiva de la propia vida y del rol de Dios o lo absoluto en ella. Esta lectura concluye indicando que el sentido último del matrimonio puede ser legítimamente interpretado como algo sagrado, toda vez que él ofrece un testimonio –ni el único ni excluyente de otros– de nuestro estar referidos a lo absoluto y de cómo esa referencia puede volverse efectiva en la vida de los cónyuges, haciendo que recorran de a dos, a lo largo de la historia de sus vidas, el camino del amor que los unió y que les permitió vislumbrar un destello de eternidad. El sentido sagrado del matrimonio, en síntesis, es *testimoniar* el estar concernidos los esposos por lo Abso-

---

[65] *ESK5*, p. 432.

luto bajo la forma de su sentirse interpelados a realizar de modo absoluto el amor que los une. Un testimonio de esta naturaleza se efectiviza como *trascendencia*, a saber, aquella trascendencia que es ética, en cuanto nos conduce a ser, no para nuestros propios intereses egoístas, sino para el otro que amamos, pero que, a la vez, es religiosa, en tanto, siendo para ese otro, nos re-ligamos con el llamado de eso Absoluto que nos compromete absolutamente con el amor. Este sentido sagrado del matrimonio genuino no puede desvincularse ni de su significación estética, ni de su significación ética. En efecto, ya en la intensidad de la pasión estética que subyace al matrimonio todo ocurre como si se *testimoniase* nuestro estar tendidos hacia algo absoluto, hasta el punto de tener, de modo inmediato, fe en realizar absolutamente ese amor espontáneo del que gozamos cual si fuera un don prodigioso. Y ya en la resolución ética que constituye el matrimonio todo ocurre, también, como si *trascendiese* mi propio egoísmo y, en mi intento de asumir mi ser como «ser-para» ese afán de amor absoluto que encuentro en mí, me vea movido a «ser-para» la otra amada. El significado ético, estético y religioso del matrimonio se enhebran, así, en una densa trama que no se deja desmadejar y que alberga lo sagrado.

Pero una interpretación tal ¿ha realmente explicitado la concepción del matrimonio *de* Kierkegaard? No ha sido la intención de este trabajo realizar un estudio filológico que demuestre qué es lo que Kierkegaard en verdad dijo. Ella ha procurado, en cambio, mostrar un sentido sagrado del matrimonio que una perspectiva filosófica de análisis puede, legítimamente, desplegar desde el potencial significativo implícito en el discurso del danés. De este modo, se abre la posibilidad de dar una respuesta afirmativa a la pregunta con la que comenzó este segundo comentario y sostener que es posible para todo hombre, independientemente de su adherencia a un dogma positivo, experimentar en el matrimonio un sentido absoluto. ¿Pero, nuevamente, es este despliegue kierkegaardiano? Estimo que la pregunta puede responderse también afirmativamente, si se toma en serio lo que dice al lector el propio autor cuando confiesa que el discurso antes que «aportar una enseñanza» lo que pretende es «evocar lo que tú mismo has pensado a menudo» acerca del sentido sagrado del matrimonio.

Finalmente, una hermenéutica filosófica del matrimonio debe ser consciente de sus límites. Ella no puede *demostrar* que él testimonie nuestro estar concernidos por algo divino o absoluto en nuestras vidas. Si fuera así, traspasaría sus fronteras y recaería en el error de querer deducir especulativamente todo. Es muy probable y es incluso usual que la gente se case por motivos diferentes del aludido sentido sagrado. Es cierto que innúmeros «matrimonios» se fundan solo en un interés económico o social, en la mera sensualidad o en el burdo atolondramiento. Pero no se puede excluir a priori que las personas que se casan *quieran casarse porque se aman* ni que funden su matrimonio en el *sentirse llamadas a mantener incondicionalmente el amor*. Si ello es así, la interpretación que aquí ofrecemos resulta legítima. Ella no puede probar el significado sagrado del matrimonio, solo mostrar cómo es posible legitimar, en un matrimonio genuino, la postulación de un sentido sagrado o absoluto y, consecuentemente, en qué medida resulta legítimo plantear también una significación religiosa intrínseca al acontecimiento nupcial.

Quizás el concepto ideal de matrimonio al que apunta Kierkegaard y que aquí hemos tratado de explicitar resulte, en su idealidad, algo que va más allá del alcance y finitud humana. No es posible hacer de cada momento matrimonial un instante de amor consumado. Sin embargo, ello no implica caer en el zafío egoísmo de considerar que el verdadero significado del matrimonio no es otro que ser una asociación instrumental temporaria para encontrar satisfacción recíproca a deseos personales contingentes. La idea kierkegaardiana de matrimonio indica, por el contrario, que el significado profundo del vínculo lleva a los esposos más allá de sí mismos y de todo egoísmo, comprometiéndolos con un sentido último, incondicional y absoluto del amor. Así, el matrimonio, cuando es genuino –y no porque lo logre siempre, sino porque una y otra vez se resuelve a intentar realizar lo eterno en la historia– religa al hombre con lo divino y lo reconcilia con la idea paradisíaca de una felicidad eterna. Quizás no resulte tan despreciable como parece creer la sociedad actual este esfuerzo conjunto de los seres que se aman por vislumbrar de a dos la eternidad.

Capítulo III

Más allá de la noche. Una interpretación filosófica del discurso «Junto a una tumba» de S. Kierkegaard[1]

1. Introducción

Del discurso *Junto a una tumba,* el último de los *Tres discursos para ocasiones supuestas* de 1845 que comentaremos en este libro, supo advertir Michael Theunissen que constituye «un punto culminante en la rica historia del pensamiento europeo de la muerte»[2]. Antes que un discurso de ocasión, sería él también una ocasión en la que Kierkegaard escribe un discurso en el que el tema de la muerte resulta *«pensado* en el

---

[1] Una primera versión de este capítulo fue publicada en: Ángel E. Garrido Maturano, «Más allá de la noche. El concepto y la significación de la muerte en el pensamiento de S. Kierkegaard», *Eidos. Revista de filosofía de la Universidad del Norte,* 40 (2023), pp. 116-138.

[2] Michael Theunissen, «Das Erbauliche im Gedenken an den Tod. Traditionale Elemente, innovative Ideen und unausgeschöpfte Potentiale in Kierkegaards Rede an einem Grabe», en: Niels Jørgen Cappelørn, Hermann Deuser y Jon Stewart (eds.), *Kierkegaard Studies. Yearbook*, Berlín/New York, Walter de Gruyter, 2000, pp. 40-73; p. 40.

más estricto sentido del término»[3]. Por otra parte, también en *Las obras del amor* el autor danés reconoce que ha «pensado demasiado en la muerte»[4]. Sin embargo, a pesar de la importancia que la cuestión ha tenido para el propio Kierkegaard, la muerte continúa siendo (hasta donde mi conocimiento alcanza) uno de los aspectos menos abordados en los estudios filosóficos dedicados al filósofo[5]. En este último capítulo queremos rescatar de este «segundo plano» la comprensión filosófica que Kierkegaard tiene de la cuestión de la muerte y consagrarnos por entero al tema, tal cual este es desarrollado

---

[3] *Ibid.*

[4] Søren Kierkegaard, *Las obras del amor*, p. 422.

[5] Hasta donde llega mi conocimiento de la inabarcable bibliografía sobre Kierkegaard, habría que destacar tres estudios en relación con el tema que aquí me ocupa. En primer lugar, el arriba mencionado artículo de Theunissen, que se centra en describir los lazos de la comprensión kierkegaardiana de la muerte con la tradición filosófica occidental y en analizar la apropiación que habría hecho Heidegger del discurso de Kierkegaard. En segundo, el capítulo dedicado a la finitud de la temporalidad en el libro de Gerhard Thonhausser, *Ein rätzelhaftes Zeichen. Zum Verhältnis von Martin Heidegger und Søren Kierkegaard*, Berlín/Boston, Walter de Gruyter, 2016, 311-324. Thonhauser, más que analizar por sí misma la comprensión de la muerte del danés, se limita a mostrar sus coincidencias y divergencias con la idea de la muerte de *Ser y tiempo*. En tercero, cabría mencionar a Thorsten Milchert, *Christliche Wurzeln der Todesphilosophie Heideggers. Untersuchungen zu Sein und Zeit*, Marburg, Tectum, 2012, pp. 127-189. Aquí tampoco se analiza la comprensión de la muerte *en* Kierkegaard, sino que se lo hace en función de cómo esta constituiría un antecedente que vincula con la tradición cristiana el *Sein zum Tode* de *Sein und Zeit*. En español conozco solo un trabajo consagrado (parcialmente) al tema. Me refiero a: Katarína Gabašová, «Kierkegaard y el concepto de la muerte en el contexto del turismo oscuro, *Sincronía*, 65, 2014, pp. 71-80. Aquí el análisis de la cuestión se hace nuevamente en virtud de otra cosa: tender un puente entre el concepto kierkegaardiano y el fenómeno contemporáneo del «turismo oscuro».

en el discurso mencionado. De lo que se trata aquí, pues, es de elucidar esta comprensión, por su profundidad filosófica y su decisiva significación existencial, sin necesidad de compararla con otros análisis contemporáneos más difundidos del fenómeno, como el heideggeriano.

A efectos propedéuticos, resulta conveniente precisar los objetivos que guían este tercer y último comentario. El primero radica en explicitar la concepción de la muerte como *acontecimiento* en el pensamiento kierkegaardiano. Para ello partiré de la hipótesis según la cual los rasgos estructurales que determinan la relación *seria* del existente con su muerte surgen en el contexto de una *correlación* en la que aquel asume la muerte tal cual ella acontece por sí misma. De allí que sea menester distinguir, dentro del análisis que Kierkegaard despliega en el discurso, aquellos aspectos que describen el modo en que la muerte adviene al sujeto de aquellos otros que elucidan el modo serio en que el sujeto asume ese advenir. El segundo objetivo radica en *reconstruir* en qué medida y por qué el significado de la muerte puede ser pensado, desde el propio pensamiento kierkegaardiano, como el del acontecimiento *desafiante* por excelencia, que nos insta ineludiblemente a tomar una decisión respecto de la trascendencia de nuestra existencia individual. En este sentido, formularemos la hipótesis según la cual la decisión en favor de la trascendencia puede encontrar no un fundamento, sino un motivo legítimo en el padecimiento del horror ante la muerte.

Finalmente, como en los dos comentarios anteriores, quisiera formular algunas observaciones respecto de la perspectiva, marco e intención metodológica que guían el presente comentario, pues ello ayuda a aclarar por qué nos referimos a él como a un comentario filosófico antes que como a una reconstrucción exegética. La perspectiva se comprende de nuevo como fenomenológica porque, como ya hemos dicho, la fenomenología solo es concebible como aquel *pensamiento correlacional* que encuentra la esencia de las vivencias en una correspondencia entre el modo en que me sale al encuentro lo que se da y el modo en que voy hacia ello y lo asumo. En la medida en que aquí intentaremos asir la esencia de la seriedad ante la muerte sobre la base de una correlación entre la manera de relacionarme con ella y su modo fáctico de donación, el presente comentario permanece fiel a este principio fenomenológico correlacional. Ahora bien, en cuanto la seriedad ante la muerte mienta un modo de ser por el que puede decidirse todo hombre como tal, pero que de hecho solo es propio de aquellos que se abran a experimentar el sentido consumado de su propia muerte, la perspectiva de análisis puede especificarse, también aquí, como en los dos casos anteriores, como una fenomenología del universal singular. Respecto del marco metodológico, este artículo responde esta vez a una hermenéutica intertextual. Ello es así porque se procurará reconstruir la significación de la muerte como ocasión para la decisión por la trascendencia, interpretando el texto del discurso *Junto a una tumba* sobre la base del con-texto de otro libro de Kierkegaard: *Temor y temblor.* Cabría objetar la legitimidad de interpretar un texto firmado por el propio Kierkegaard en función de otro que lleva, además, la rúbrica de Johannes de Silentio. A ello se podría responder no solo que «Kierkegaard había proyectado que figurara su propio nombre como el del 'editor' de esta obra firmada por un autor ficticio»[6], sino que, como se

---

[6] Darío González y Oscar Párcero, «Introducción», en: Søren Kierkegaard, *Escritos de Søren Kierkegaard volumen 4/1. La repetición. Temor y temblor*, Madrid, Trotta, 2029, pp. 1-18, 16. Sigla: *ESK4/1*.

advierte en los *Diarios*, él nunca «dejó de asignar a este texto un lugar de privilegio entre sus obras»[7]. Por ello, *Temor y temblor* bien puede ser tomado como eje referencial para la interpretación de otras obras firmadas por Kierkegaard y aparecidas el mismo año. Pero esto serían solo respuestas formales. Lo aquí determinante es tener en cuenta que la palabra *reconstruir* mienta el hecho de que la significación buscada, si bien no está expuesta explícitamente en el discurso analizado, está implícita como una significación potencial susceptible de desplegarse por obra de una interpretación que tome como eje de la búsqueda la respuesta a la pregunta: «¿cómo es posible de cara a la muerte afirmar la trascendencia de la existencia, siendo que la muerte es, precisamente, el acontecimiento que imposibilita la existencia?». «¿Cómo es posible, pues, tener fe en algo imposible, incluso absurdo?». Si consideramos que en *Temor y temblor* al «caballero de la fe», con ocasión de su irrealizable amor por la princesa, se le plantea esta misma cuestión acerca de la posibilidad de lo imposible, podemos concluir que este texto resulta un marco hermenéutico propicio para interpretar libremente a Kierkegaard desde Kierkegaard-Silentio.

Finalmente, en cuanto a la intención metodológica, es, al igual que en los análisis de los discursos anteriores y como lo exige el carácter filosófico del comentario, pre-confesional, tal cual, además, lo es el propio análisis de Kierkegaard. En efecto, en el discurso *Junto a una tumba*, el autor nunca afirma la inmortalidad basada en una fe revelada, ni realiza especulaciones sobre lo que ocurre después de la muerte, sino que se atiene estrictamente a analizarla desde el «más acá» de la muerte misma. Su posición no es la del creyente, seguro de su inmorta-

---

[7] *Ibid.*, p. 17.

lidad, sino la del incrédulo que busca analizar la muerte tal cual esta se da[8]. De acuerdo con esta intención pre-confesional, lo que le interesa a la investigación es determinar desde un punto de vista filosófico si es posible, y hasta qué punto, postular o no legítimamente la trascendencia de la existencia respecto de la muerte a partir del modo en que la muerte se da y es asumida con seriedad por el existente particular. Dicho de otro modo, de lo que se trata aquí es de determinar el significado religioso que tenga la muerte para todo hombre en tanto tal, con independencia de su confesión particular o la carencia de ella.

Con naturalidad, surgirá nuevamente para el eventual lector, versado en Kierkegaard, la pregunta acerca de si este último comentario, asentado en semejantes premisas metodológicas, es o no fiel al propio autor. Considero que también ahora la respuesta puede ser afirmativa si se toma en serio lo que Kierkegaard dice en el prefacio a sus *Tres discursos para ocasiones supuestas*, a saber, que «lo importante es la apropiación»[9] y que en el libro que él nos «*entrega*» no habría por qué considerar «nada propio ni ajeno en sentido mundano que separe y prohíba apropiarse de aquello que es del prójimo»[10]. En virtud de esta apropiación, a la vez libre y entregada al texto, es posible llegar a ser ese individuo que Kierkegaard

---

[8] En este sentido ya Karl Jaspers observó que la posición de Kierkegaard respecto de la muerte se ubica en el «más acá» y no es confesional: «En su caso no destaca ningún contenido particular respecto de la fe en la inmortalidad, sino solo la más intensiva exposición de la interioridad subjetiva, de la significación de la relación subjetiva a la muerte y la inmortalidad». Y agrega Jaspers: «Es la posición del incrédulo que piensa que buscar la fe es aquello a lo que se encuentra remitido». Karl Jaspers, *Psychologie der Weltanschauungen*, Berlín, Springer, 1919, p. 238.

[9] *ESK5*, p. 391.

[10] *Ibid.*

«con alegría y gratitud llama mi lector»[11]. Es posible ser kierkegaardiano sin la pretensión de ser literal.

2. El concepto de la muerte

2.1. La muerte como acontecimiento

Kierkegaard comienza su discurso con una declaración contundente: «¡Todo terminó!»[12]. Si solo se limitase a constatar lo
que el sobrevenir de la muerte hace con la existencia, quizás
estas dos palabras serían suficientes y con ellas concluiría el
discurso, pues una vez que fueron pronunciadas solo queda
una cosa por delante: «con tres paladas de tierra, consagrar al
difunto, como todo lo que ha venido de la tierra, de vuelta
a la tierra»[13]. Y entonces repetir: «todo ha terminado»[14]. Sin
embargo, Kierkegaard no concluye su análisis de la muerte
con esta frase. Pero sí lo inicia. Lo primero notable de este
punto de partida, que articula todo el discurso, es que él sitúa
la reflexión en el plano del «más acá», esto es, en el plano
fáctico de lo que hace la muerte con la existencia, dejando
de lado toda especulación sobre la inmortalidad o el paso a
mejor (o peor) vida. Lo segundo notable es que Kierkegaard,
en virtud de este mismo punto de partida y a diferencia de
Heidegger en *Ser y tiempo*, no aborda la cuestión de la muerte
desde mi modo de advenir hacia y relacionarme con ella y,
consecuentemente, desde la categoría de posibilidad[15], sino

---

[11] *Ibid.*

[12] *ESK5*, p. 441.

[13] *ESK5*, p. 443.

[14] *Ibid.*

[15] En este aspecto suscribo por completo esta afirmación: «Comprender
la muerte como posibilidad es en todo ajeno a Kierkegaard». Gerhard
Thonhauser, *Ein rätzelhaftes Zeichen*, pp. 321-322.

que la encara desde la perspectiva del advenir de la muerte hacia mí, desde el sobrevenir de la muerte como *acontecimiento* fáctico[16]; y desde lo que su ocurrencia implica para la existencia: «todo terminó».

Este poder «finiquitador» respecto de la existencia lo expone el danés a través del primero de los tres predicados con los que caracteriza al acontecimiento de la muerte. Se nos dice de ella que es *decisiva*. El carácter decisivo de la muerte no es sino un modo de desplegar aquello contenido implícitamente en el «¡todo terminó!». De ahí que pueda afirmarse que, respecto del «todo terminó», esta primera proposición «se agota en una tautología vacía»[17]. En efecto, la muerte es decisiva porque es de-finitiva, porque decide de manera irrevocable que todo ha terminado. Cuando sobreviene *pone fin* a todo: a la obra de la vida, al pensamiento, a las esperanzas más nobles. La Parca ha llegado. Todo terminó. No hay postergación alguna. «Aunque fuera un joven lleno de hermosas expectativas, aunque rogara tan solo por una de ellas – ahora todo terminó (...)»[18]. Que la muerte es decisiva significa,

---

[16] De allí que considere de carácter unilateral afirmaciones que abordan el concepto de la muerte en Kierkegaard centrándose solo en la relación del hombre con ella y presuponiendo que la importancia únicamente «consiste en el significado que el hombre le atribuya y cómo la entienda» (Katarina Gabašová, *op. cit.*, p. 74). Sin duda, importa la seriedad con la que me relaciono con la muerte, pero yo no le atribuyo significado a voluntad, sino que esa relación y ese significado son una respuesta a un *factum*, al acontecimiento mismo de la muerte, que articula el conjunto del análisis kierkegaardiano. La seriedad del hombre ante la muerte es una respuesta a la propia seriedad del *factum* anonadador del advenir de la muerte a mí. Por ello Kierkegaard no duda en afirmar que «la muerte es el maestro de la seriedad». *ESK5*, p. 445.

[17] M. Theunissen, «Das Erbauliche im Gedenken an den Tod», p. 69.

[18] *ESK5*, p. 449.

entonces, que es definitiva. Por ello no ha de mitigarse la comprensión del acontecimiento de la muerte diciendo que es un sueño. Aquí no se goza de un reparador reposo. Kierkegaard no se hace ilusiones al respecto. Quien afirma que es gozoso descansar cuando todo ha terminado, debería decir también «que es muy consolador pudrirse en la tierra»[19]. La muerte no es un sueño. Aquí no hay despertar. «La muerte es una noche»[20]. Y es definitiva. Quien ha comprendido la muerte en su carácter decisivo y toma su acontecimiento tal cual sobreviene, es un hombre serio. Y «el hombre serio dice: todo ha terminado»[21]. He aquí la tautología.

El segundo aspecto de la muerte como acontecimiento es su carácter indeterminable. Puede llegar a parecer confuso[22] que Kierkegaard relacione la indeterminabilidad de la muerte con la idea de igualdad ante ella. «La muerte los hace a todos iguales, pero si esa igualdad está en la nada, en la aniquilación, entonces la igualdad misma es indeterminable»[23]. Sin embargo, el texto es preciso. La indeterminabilidad nos vuelve a todos iguales ante la muerte, porque ningún hombre puede determinar nada respecto suyo. Ella nos iguala a todos, Nadie puede no morir cuando la muerte se nos impone; y

---

[19] *ESK5*, p. 451. Este tipo de sentencias reafirma lo expresado: que Kierkegaard se coloca en la posición del incrédulo, que se atiene al plano del «más acá» y, consecuentemente, al fenómeno de que la muerte termina con la existencia, en vez de tratarla desde el horizonte religioso de la creencia en la inmortalidad.

[20] *ESK5*, p. 451.

[21] *ESK5*, p. 453.

[22] Así, para Theunissen, Kierkegaard «explica la indeterminabilidad de la muerte a través del en sí mismo no del todo claro aditamento de que la muerte no es determinable ni por la igualdad ni por la desigualdad». «Das Erbauliche im Gedanken an den Tod», p. 69.

[23] *ESK5*, p. 453.

la anonadación que realiza es igual de indeterminable para todos. Frente a ella somos todos iguales en la impotencia: todos somos nada frente al inevitable «todo terminó». Pero la muerte es indeterminable, además y dialécticamente, en virtud de su desigualdad. Es cierto que ninguna de las diferencias de las que hace gala el reino de los vivos puede determinar nada respecto de la noche de la muerte ni del incierto instante de su inexorable llegada. Sin embargo, lo contrario sí sucede. Es la muerte quien determina esas diferencias como *ya* definitivas, la que hace del muerto «un hombre concluido y resuelto»[24], y la que, a fin de cuentas, siempre nos dice: «Tu vida ha sido esto y la tuya aquello. Ya no se puede cambiar nada». Por ello el hombre que asume con seriedad el acontecimiento de la muerte tiene presente conjuntamente tanto la unidad indeterminable de certeza e incertidumbre que le es propia[25], cuanto su capacidad de consagrar definitivamente las diferencias ya habidas. Dicho de otro modo, él comprende, por un lado, que «lo cierto es que el hacha está puesta a la raíz del árbol»[26]; y, por otro, que «lo incierto es cuándo se hará el corte»[27]. Y comprende, además, que, cuando el árbol caiga –y todos caen– se habrá determinado «si el árbol daba buen fruto o si daba un fruto podrido»[28].

La tercera característica de la muerte como acontecimiento es su condición de *inexplicable*. «La muerte misma no explica

[24] S. Kierkegaard, *Las obras del amor*, p. 425.
[25] En este sentido escribe Michael Theunissen: «Así es que, ante todo, ambos aspectos de la comprensión de la muerte en su unidad, la consideración reflexiva de la certeza de la muerte y de su incerteza, hacen surgir la plena seriedad ante ella». *Der Bergriff Ernst bei Søren Kierkegaard*, p. 145.
[26] *ESK5*, p. 461.
[27] *Ibid.*
[28] *Ibid.*

nada»[29]. No hay manera de saber lo que ella signifique ni si guarda o no algo para aquella existencia a la que pone fin. En este punto, como en los dos anteriores, Kierkegaard se atiene al dato fenoménico del acontecimiento de la muerte y se limita a constatar que ella no deja saber nada de sí. Simplemente ocurre, sin explicarnos si responde o no a algún «para qué». En tanto inexplicable, es un misterio inescrutable, no un acertijo por descifrar. La oscuridad de la noche que se cierne con la muerte resulta impenetrable. No hay modo de sacarle una palabra, un gesto, un indicio sobre lo que pueda o no haber tras las puertas que ella cierra. Por ello, «en tanto que inexplicable, la muerte puede serlo todo y no ser nada en absoluto»[30]. Que nos resistamos con todas nuestras fuerzas y la recibamos como la mayor desgracia, porque estamos convencidos de que su llegada es el arribo definitivo de la nada; o, por el contrario, que la acojamos con consuelo e incluso esperanza, porque confiamos serenos en que ella es el paso a otro y mejor plano de existencia, de todo ello la muerte no sabe nada. Es inexplicable y una vez que le dice a esta existencia «todo terminó», calla. Su silencio nos impide explicar tanto qué es lo que ella guarda tras de sí como por qué nos sobreviene cuando nos sobreviene.

Estos tres, todos negativos en cuanto señalan una impotencia fundamental del hombre respecto del acontecimiento de la muerte, son los predicados a través de los cuales Kierkegaard intenta asirla, ya no desde el modo en que yo la pre-curso, sino desde el modo en que la muerte misma me sobre-viene. Ellos se atienen al dato fenoménico del acontecimiento de la muerte e instalan el análisis en el plano del

---

[29] *ESK5*, p. 463.
[30] *ESK5*, p. 464.

«más acá». Ahora bien, que la muerte no sea una posibilidad subjetiva no implica que el hombre no deba asumir su ocurrencia en la vida, ni que deje de relacionarse de un modo u otro con ella. Esos modos oscilan entre la autenticidad de la relación seria y la inautenticidad del estado de ánimo.

2.2. *La seriedad ante la muerte*

Hay, para Kierkegaard, una forma inauténtica de relacionarse con la muerte que llama «estado de ánimo». Tres son las características principales que determinan que un modo de relación con la muerte sea un mero estado de ánimo. Primero y fundamentalmente, que es una relación con una idea subjetiva o proyección que nos hacemos de ella y no con el acontecimiento de la muerte como tal ni, por tanto, con su carácter decisivo, indeterminado e inexplicable. En segundo lugar, que se trata de una idea que me hago de la muerte sobre la base de una sentimentalidad que me embarga a causa de una cierta situación vital. En tercer lugar y finalmente, que, como toda idea, el estado de ánimo implica una representación general de lo que la muerte sea o signifique, mientras que la muerte es estrictamente particular[31]. Kierkegaard da múltiples ejemplos de este estado de ánimo. Atengámonos a uno de los más usuales: el del melancólico que, harto de la vida, de sus fatigas y desengaños, añora un poco de tranquilidad, un sitio donde reposar, un palmo de tierra en donde apoyar la cabeza. Él anhela «la tumba; un escondite al que la conciencia no accede (…)»[32]. De semejante modo de relacionarse con la

---

[31] En este sentido afirma Michael Theunissen: «La evasión hacia lo general y no vinculante es, en la terminología del discurso sobre la muerte, no seriedad, sino estado de ánimo (*Stimmung*)». *Der Begriff Ernst bei Søren Kierkegaard*, p. 141.

[32] *ESK5*, p. 450.

muerte nos dice Kierkegaard que «es un estado de ánimo, y pensar la muerte de esa manera no es seriedad»[33]. Y no lo es porque, antes que una relación con el acontecimiento de la muerte, una actitud tal es una melancólica, hasta pusilánime huida de la vida hacia una *idea o representación* subjetiva de lo que la muerte *en general* sea, surgida no como respuesta al siempre posible acontecimiento de mi muerte, sino de un cierto *temple en el que se halla inmersa mi vida*. Tomar en serio el contundente «todo terminó» es asumir conscientemente el terror ante la noche impenetrable y la impotencia que la muerte implica. Mientras que no es otra cosa que «fingido coraje el que imagina no temerle a la muerte cuando el mismo ser humano le teme a la vida»[34]. Aquí no hay ningún valor ante la muerte, porque ni siquiera se la ha pensado y asumido como lo que es, sino que se trata pura y simplemente de un estado de ánimo: el del temor a la vida, que me lleva a querer huir de mi existencia. Una relación inauténtica con la muerte es también pretender que alguien la ha asumido seriamente por ser testigo de la muerte de otro y conmoverse ante ella. Aquí se trata de nuevo de un estado de ánimo en el que la muerte del otro me sume. No de un serio pensamiento de mi muerte. Igualmente es un mero estado de ánimo –en el mejor caso la expresión de mi amor por alguien– afirmar que sería más fácil morir que soportar la experiencia de la muerte del otro. «Incluso cuando el otro es el más próximo, el amado y llorado, sigue estando la compasión ante su muerte en el ámbito de lo meramente sentimental y por lo tanto no serio»[35]. Todas estas actitudes tienen en común no pensar

---

[33] *Ibid.*
[34] *Ibid.*
[35] Michael Theunissen, *Der Begriff Ernst bei Søren Kierkegaard*, p. 141.

seriamente lo que la muerte como acontecimiento es, es decir, no asumir la *propia* muerte y el «todo terminó» decisivo, inexplicable e indeterminable que ella implica. En cambio, ellas prefieren evadirse de afrontar la muerte personal con ideas subjetivas y generales acerca de lo que la muerte sea o de cuán insoportable resulte vivir sin el otro, surgidas todas ellas desde un cierto temple en el que me hallo inmerso.

Al estado anímico se opone la verdadera seriedad ante la muerte que, a mi modo de ver, puede resumirse en tres características: apropiación, actualización y edificación. A las tres características les es común el rasgo de la interioridad; y la interioridad consiste en el *pensamiento*, es decir, no en actitudes externas frente al acontecimiento o a la inminencia de la muerte –en el llanto inconsolable, los gritos de desesperación o la impostada indiferencia–, sino en la *asunción* de su carácter decisivo, indeterminado e inexplicable que se testimonia en el modo en que vivimos y nos comprendemos a nosotros mismos.

La interiorización pensante acontece, en primer lugar, como una *apropiación* de la muerte. «La seriedad (…) es lo interior y el pensamiento y la apropiación»[36]. Dicha apropiación la explicita el filósofo diciendo que «pensarse a uno muerto es seriedad»[37], mientras que «ser testigo de la muerte de otro es un estado de ánimo»[38]. De acuerdo con ello, la apropiación consiste en asumir que solo me relaciono con la muerte si la comprendo como un acontecimiento que me pasa a mí, que me singulariza, sin que pueda, por tanto, referir mi relación con ella a los estados de ánimo que suscitan en

---

[36] *ESK5*, p. 444.

[37] *Ibid.*

[38] *Ibid.*

mí la muerte de los otros. Y esto porque solo mi muerte acontece como mi propio e intransferible «todo terminó»; o, para decirlo de otra forma, solo mi muerte decide mi existencia. Por lo tanto, pensar seriamente la muerte en su carácter decisivo significa pensarla como *mi* muerte, esto es, apropiarme de ella como un acontecimiento que se refiere exclusivamente a mí[39]. Podría decirse, pues, que la apropiación se corresponde con el carácter decisivo inherente al sobrevenirme del acontecimiento de la muerte. Finalmente, remarquemos que la apropiación implica el temor de la muerte. Una relación seria con algo que habrá de aniquilarme por completo y frente a lo cual no puedo nada ocasiona, naturalmente, temor. Si somos sinceros y la asumimos como el acontecimiento que es, debemos también aceptar y asumir que la muerte es temible. Por ello mismo Kierkegaard califica de «fingido» el coraje del que imagina no temerle a la muerte.

La interiorización pensante de la muerte acontece, en segundo lugar, como una *actualización*. Escribe Kierkegaard: «El breve pero impulsor llamamiento de la seriedad, como el breve llamamiento de la muerte es: hoy mismo»[40]. Aquel que se relaciona seriamente con su muerte lo hace *hoy* mismo, en la *actualidad*, en cada presente. Me relaciono seriamente con la muerte cuando ahora mismo la asumo como un acon-

---

[39] De allí que afirmar que «con las determinaciones de la muerte como irreferente e irrebasable Heidegger va más allá de Kierkegaard» (Gerhard Thonhauser, *Ein rätzelhaftes Zeichen*, p. 323) sea discutible. El «todo terminó» del carácter decisivo de la muerte implica que, para mí, la muerte es irrebasable, esto es, que por mí mismo no puedo ir más allá de la muerte. Igualmente, la relación seria con ella implica su carácter irreferente, pues mi muerte es mía, solo mía y me refiere a mí mismo y a ninguna otra cosa o persona.

[40] *ESK5*, p. 451.

tecimiento seguro que habrá de determinar y resolver por completo qué ha sido y qué no mi existencia, y no como un advenir o una posibilidad hacia la que me proyecto. ¿Y cómo relacionarse hoy mismo con un acontecimiento que aún no ha llegado? Viviendo la vida hoy con la certeza de que es posible a cada instante que la muerte termine resolviendo y determinando cómo ha sido mi vida. Ello, precisamente, constituye un «impulso» para no desperdiciarla ni postergarla, sino para vivir en plenitud cada presente. ¿Significa esto el *carpe diem*? Kierkegaard es claro al respecto: «Ese es el cobarde apetito vital de la sensibilidad, el despreciable orden de cosas en el que se vive para comer y beber, y no se come y se bebe para vivir»[41]. Por el contrario a este esteta superficial, al hombre serio «el pensamiento de la muerte le da el correcto ímpetu en la vida y la meta correcta a la que dirige su marcha»[42]. Ello concretamente significa que él «trabaja al máximo de sus posibilidades»[43] y, aunque comprende su impotencia radical frente a la muerte, intenta que su existencia sea digna de obtener «la debida oportunidad de asombrarse ante Dios»[44]. Dicho de otro modo, vivir «hoy mismo» con seriedad la muerte, actualizar a cada instante mi relación con ella, significa desplegar todas mis posibilidades vitales, de modo tal que, en virtud de ese despliegue, mi vida sea digna de «asombrase ante Dios». Y este ser digno de asombrarse ante Dios bien podemos leerlo como un llamamiento a vivir de un modo tal que aquello que, para mi propia y radical impotencia ante la muerte, es claramente imposible, a saber,

---

[41] *ESK5*, pp. 451-452.
[42] *ESK5*, p. 452.
[43] *Ibid.*
[44] *Ibid.*

que mi existencia trascienda mi propia muerte, esté *justificado*. Así comprendida, la seriedad ante la muerte consistiría en vivir hoy mismo de manera que, si hubiese un poder más poderoso que la propia muerte, si hubiese un Dios, compréndaselo como se lo comprenda, estuviese justificado que ese Dios, de algún modo que me es incierto y asombroso, conceda a mi existencia lo que para mí es imposible: trascendencia más allá de mi propia muerte. En conclusión, quien actualiza seriamente su muerte es aquel cuya existencia particular resulta hasta tal punto fructífera para todos los seres que una existencia tal en el universo queda eternamente justificada; y, si hubiese un Dios, esa justificación no debería, por tanto, ser borrada ni siquiera por la propia muerte. Sin embargo, vivir así, aprovechando mis capacidades y volviendo feraz cada instante de mi vida, requiere tener constantemente presente no solo que mi muerte me determina y resuelve mi existencia, sino que ella es en sí misma indeterminada y, por tanto, posible a cada instante. De allí que podamos pensar también que la actualización es el modo en que una relación seria se corresponde con el carácter indeterminado de la muerte como acontecimiento. Finalmente, recordemos que lo cierto es la muerte, la anonadación a cada instante posible. No la asombrosa trascendencia. Por lo tanto, quien actualiza la muerte no deja de temerle, como no deja de temerle todo espíritu bueno y sincero que «siente horror ante el vacío, ante la igualdad de la aniquilación»[45]. Y ese horror es precisamente el que me mueve a vivir como si mi existencia debiera estar eternamente justificada, a impulsar a mi vida más allá de sí misma. Él «es el acelerador de la vida del espíritu»[46].

---

[45] *ESK5*, p. 457.
[46] *Ibid.*

Finalmente, la interiorización pensante de la muerte acontece como una *edificación*. El carácter edificante se corresponde con la inexplicabilidad del acontecimiento. Dicha correspondencia radica en responder a la inexplicabilidad de la muerte no intentando explicarla, sino explicándose a sí mismo de cara a ella. Escribe el autor: «Pero en eso justamente radica la seriedad, en que la explicación no explica la muerte, sino que manifiesta cómo es en su íntima esencia aquel que da la explicación»[47]. Explicarse ante la muerte significa, entonces, manifestar quién esencialmente es uno. Y uno solo puede ser quién es y manifestarlo, si asume la propia vida como suya y edifica cada día la obra que le ha tocado en suerte edificar con la intensidad y el compromiso con los que lo haría si ese día fuese el último del que dispusiese, pero también como si fuese el primero de una larga vida. En efecto, el hombre serio comprende que no puede saber cuándo ni explicar las razones últimas de por qué morirá precisamente en el instante en que le toque, por lo que él comprende también que debe llevar adelante la obra de su vida siempre con el mismo compromiso, independientemente de si le haya sido concedido completarla o tan solo iniciarla debidamente. «Por lo que respecta a la obra esencial, no es esencial, en relación con la interrupción de la muerte, si aquella fue acabada o solo comenzada»[48]. Lo esencial es asumir que la muerte es inexplicable y que, por tanto, no podemos saber en términos absolutos si nuestro destino es completar nuestra obra o solo empezarla. Es precisamente esa misma inexplicabilidad, cuando es tomada en serio, la que nos impulsa a vivir cada día como el primero en que podemos inaugurar una vida que merezca ser continuada y, a la vez, como el

---

[47] *ESK5*, p. 463.
[48] *ESK5*, p. 462.

último del que disponemos para continuarla del mejor modo posible. De allí que pueda afirmar Kierkegaard que el sentido del enunciado que afirma su inexplicabilidad «solo está en darle al pensamiento de la muerte fuerza retroactiva, en hacer algo impulsor en la vida»[49]. De allí también que puede concedérsele entera razón a Theunissen cuando sostiene que lo edificante en el pensamiento kierkegaardiano de la muerte no es que satisfaga el ansia de consuelo ante el triste destino de tener que morir. En vez de ello, «el discurso *Junto a una tumba* proporciona el trabajo constructivo de una *aedificatio*, en el preciso sentido de que pone la muerte al servicio de la vida»[50]. Y lo hace en la medida en que «vuelve a poner en pie a quien ha mirado la muerte a los ojos y lo impulsa a empuñar su vida que creía perdida»[51]. Por eso el discurso de Kierkegaard, que expone con toda acritud el poder anonadador de la muerte como acontecimiento, revierte dialécticamente en la seriedad ante la muerte en un discurso en favor de la vida[52]; y, como veremos, en favor de la decisión por la trascendencia de la vida.

3. La significación de la muerte

3.1. El movimiento de afirmación de lo infinito
Si la muerte es el definitivo «todo terminó», entonces ella clausura cualquier posibilidad de postular la trascendencia de

---

[49] *ESK5*, p. 466.
[50] M. Theunissen, «Das Erbauliche im Gedenken an den Tod», p. 73.
[51] *Ibid.*
[52] De allí que no encuentre sostenibles interpretaciones dramáticas, como la de Sophie Wennerscheid, que afirma que «lo irritante de Kierkegaard sería su específica actitud violenta que surge en el momento en que él no deja que se produzca el triunfo de la vida sobre la muerte», *Das Begehren nach der Wunde*, p. 325.

la existencia. De cara al fin, la afirmación de la posibilidad de una existencia in-finita sería, pues, la afirmación de lo imposible. Un ejemplo análogo de afirmación de la posibilidad de lo imposible lo ofrece Johannes de Silentio en *Temor y temblor*, cuando nos relata la historia de aquel joven que se enamora perdidamente de una princesa, aunque él bien sabe que ella jamás le corresponderá. Si este mozo no renegase de los sentimientos que padece, entonces habría de convertirse en lo que Kierkegaard llama un «caballero de la resignación infinita». A este caballero no le queda otra chance que afirmar el valor eterno e ideal que para él tiene su amor, al mismo tiempo que resignar la posibilidad de cumplirlo en la realidad. Nunca dejará de amar a la princesa, pero nunca tampoco la tendrá entre sus brazos. Joachim Boldt observa que, si «el caballero puede adoptar esta actitud, ello se debe a que se asume capaz de evaluar racionalmente lo que ocurre, pero ya no le da una importancia decisiva para sí a lo que concretamente acontezca»[53]. Ahora bien, el caballero de la resignación puede también convertirse en un caballero de la fe. Ello ocurre cuando, sin dejar de ser consciente de que la realidad no le ofrece posibilidad alguna para ello, cree sinceramente que recibirá a la princesa entre sus brazos. Él cree en lo absurdo o en la paradoja de que sea posible lo que ha reconocido como imposible. Debe quedar en claro que el caballero no piensa que él podría, a través de acciones inopinadas o magnas proezas, conquistar a la princesa. Ya se ha resignado a que esto es imposible para él. Sin embargo, precisamente por ello, se abre a la posibilidad de que el sentido último y el

---

[53] Joachim Boldt, *Kierkegaards «Furcht und Zittern» als Bild seines ethischen Erkenntnisbegriffs*, Berlin/New York, Walter de Gruyter, 2006, p. 132.

curso que hayan de tomar los sucesos no esté en manos suyas ni de ningún otro, sino que dependa de un poder ignoto que trasciende el humano y que, por absurdo que parezca, puede llevar a la princesa hasta sus brazos. Cuando el caballero se resigna infinitamente y, entonces, abre su espíritu a esta opción y la afirma sin reservas, cuando, en una palabra, se convence de que lo humanamente posible no es la medida de lo posible, entonces él hace el movimiento infinito –un movimiento que afirma lo que va más allá de lo finito determinable por el hombre– y pasa de ser un caballero de la resignación a ser un *caballero de la fe*. La resignación infinita resulta, pues, ser «el último estadio que precede a la fe, de manera tal que todo el que no haya hecho este movimiento carece de la fe, (…)»[54]. La resignación, que asume la imposibilidad fáctica de la relación amorosa, sería, entonces, condición necesaria, aunque no suficiente, para poder tomar la *decisión subjetiva* del movimiento de la fe. Desde que ha tomado esta decisión el caballero se reconoce dependiente de un poder infinito –de Dios– y en Él, contra toda probabilidad razonable y por absurdo y paradójico que parezca desde la perspectiva de los intereses y motivos imperantes en la realidad, deposita su fe. Entonces vive confiado, esperando el momento de besar a la princesa. Gracias a que el caballero renuncia a la razonabilidad y posibilidad fáctica de que se realice su anhelado amor, pero no al amor mismo, es posible «el tránsito a una visión diferente que se plantea la cuestión de una dependencia radical, la cual vuelve pensable el amor como una relación entre individuos que pueden llegar a tener algo en común independientemente de sus supuestos

---

[54] *ESK4/1*, p. 137.

intereses y motivos»[55]. Esta dependencia es, en última instancia, la dependencia de Dios, concebido, por lo pronto, como un Supra-poder a quien está supeditado el sentido último de lo que es y el curso de la realidad misma. Por lo tanto, siempre cabe la posibilidad de lo humanamente imposible. De este Suprapoder no podemos saber si existe ni lo que hará, por ello el movimiento hacia él es un movimiento de fe. Pero se trata de una fe que no surge necesariamente del capricho arbitrario, sino de la resignación y de la decisión subjetiva en favor de aquella instancia que la propia resignación nos abre, a saber: la posibilidad de que el curso último que tome la realidad no esté en nuestras manos.

Pues bien, la trascendencia de la existencia es la princesa y la muerte es la dura realidad que nos espeta que, para nosotros, no habrá princesa alguna. Sin embargo, justamente porque el hombre, ante la muerte, mucho más que ante cualquier princesa, debe resignarse y aceptar que *para él* ya todo es imposible, ella se presenta como la *ocasión* más propicia para abrirnos al movimiento de la fe. En efecto, de cara al acontecimiento de la muerte y a su inapelable «todo terminó», que no le deja al hombre posibilidad alguna, surge la cuestión de si el todo con el que termina la muerte es absolutamente todo o si este todo se refiere a todas las posibilidades humanas. Si lo segundo fuera el caso, entonces la trascendencia de la existencia, imposible para el hombre, sería posible para aquello ignoto a lo que todo en términos absolutos (y, por tanto, también el destino de mi existencia) está supeditado. Entonces también se abriría una ocasión auténtica de tomar una decisión subjetiva de realizar el movimiento infinito

---

[55] Joachim Boldt, *Kierkegaards «Furcht und Zittern» als Bild seines ethischen Erkenntnisbegriffs*, p. 135.

de la fe. Y esta ocasión es más seria y auténtica cuanto más patentemente le muestra al hombre que él, respecto de ella, no puede nada. Respecto de algo que nos resultara extremadamente improbable, pero todavía posible, no podríamos decir que eso es lo que nos mueve por entero a tener fe, porque siempre cabría la opción de que nosotros mismos, por obra de una manipulación brillante e inesperada de la realidad y de una serie consecutiva de sucesos afortunados, pero humanamente posibles, pudiésemos realizar fácticamente lo improbable. Pero respecto de algo absolutamente imposible, como existir de algún modo más allá del fin de la existencia que la muerte impone, solo cabe tener fe. En este sentido, puede decirse que, cuanto más absurdo y más paradójico respecto de mis posibilidades es aquello que afirmo, más *seria* es la ocasión para la fe que lo afirmado abre. Así vistas las cosas, *no hay una ocasión más seria para la fe que la muerte asumida en su plena negatividad.* En consecuencia, el movimiento de la fe se realiza auténticamente cuando se reconoce que la muerte termina con todo y que nada le da al hombre una razón humanamente valedera por la cual afirmar que es posible que esto no sea así. El caballero de la fe lo ha comprendido, pues él «es perfectamente consciente de que lo único que (…) puede salvarlo es el absurdo, y esto lo capta él en la fe»[56]. Pero lo absurdo es una locura solo si consideramos que lo único posible es lo posible para el entendimiento, es decir, si partimos de la convicción de que este puede evaluar por completo lo que puede y lo que no puede suceder; y que, ergo, la realidad no está supeditada a nada que no estuviese al alcance del conocimiento. Por eso recalca Silentio que «lo absurdo no corresponde a las diferencias presentes dentro

---

[56] *ESK4/1*, p. 137.

del ámbito del propio entendimiento»[57]. Pero, más allá de estas diferencias, siempre queda la ocasión, que la muerte por excelencia patentiza, de afirmar que el entendimiento humano no sea la medida de todas las posibilidades, sino que haya algo ignoto, a lo que se encuentra supeditada la totalidad de la realidad y para lo cual sea posible lo que para el espíritu humano resulta paradójico[58]. Por eso el caballero de la fe «hace aún otro movimiento, más asombroso que todo, pues dice: creo, no obstante, que la tendré [la princesa o la eternidad] en virtud del absurdo, en virtud de que para Dios todo es posible»[59]. Así comprendido, ni lo absurdo, con lo que la muerte nos *en-frenta*, es ridículo, ni la fe, cuya posibilidad ella nos *pro-pone*, es terquedad. Como observa Bernhard Welte, la ocasión abierta por la muerte es verdaderamente seria[60].

3.2. El desafío

Como la ocasión más seria para realizar el movimiento infinito de la fe, la muerte representa un desafío y nos coloca ante una decisión ineludible: *yo* debo decidir (y esa es una decisión

---

[57] *ESK4/1*, p. 138.

[58] Convergentemente escribe J. Wahl: «En este sentido hay en la paradoja una suerte de éxtasis del espíritu, una salida de sí, un impulso hacia una cosa absolutamente desconocida». *Études Kierkegaardiennes*, París, Vrin, 1967, p. 360. En efecto, *en virtud de* aquello paradójico y absurdo para sus posibilidades –por excelencia la trascendencia respecto de la muerte– el espíritu humano se siente movido a ir más allá de sí hacia algo por completo desconocido para lo cual todo sería posible.

[59] *ESK4/1*, p. 138.

[60] «La muerte en su silencio puede enseñarnos que es algo serio, que es incluso el más serio de todos los casos serios». Bernhard Welte, *Sterben. Der Ernstfall der Hoffnung*, Frankfurt am Main: Josef Knecht, 1998, p. 19.

estrictamente particular) entre los dos cuernos de una alternativa fundamental. O bien la muerte termina con todo y, entonces, no tienen ningún sentido definitivo «el correcto ímpetu en la vida y la meta correcta», pues, al fin y al cabo, mi existencia y la de todo lo que vive terminará en nada; o bien es posible (aunque no lo sea para mí) que mi existencia y buscar para ella la meta correcta tengan un sentido trascendente respecto de mi propia muerte, el cual, por cierto, me es desconocido. Quien elige el primer cuerno de la alternativa, elige también afirmar que el conjunto de la realidad no está supeditado a nada absoluto que no sea determinable por el entendimiento humano, y que, por tanto, este entendimiento es la medida de lo posible. Quien elige el segundo, se abre a la posibilidad de que lo que es esté supeditado a un poder ignoto que puede lo que para el hombre es imposible: hacer que la existencia tenga un incognoscible sentido trascendente que se preserva más allá de la muerte. Entonces, es consecuente creer «que desde la muerte nos hace una seña un Poder misterioso, callado e infinito que preserva el sentido a todo lo que es bueno»[61].

La significación de la muerte, cuando se la asume con plena seriedad y en correspondencia con la seriedad propia de su acontecimiento, no es resolver este desafío. *La significación de la muerte es plantearlo* y mostrar que él es *ineludible* para todo hombre serio. La muerte nos desafía en cuanto nos coloca frente a una alternativa insoslayable. «Ciertamente de cara a esta alternativa no hay nada que saber en el sentido de la ciencia moderna»[62]. Pero precisamente porque no lo hay, «tanto más hay para creer y esperar»[63]. ¿Esperar qué? ¿Creer

---

[61] *Ibid.*, p. 42.
[62] *Ibid.*, p. 43.
[63] *Ibid.*

qué? Tampoco lo sabemos. Un análisis filosófico pre-confesional de la muerte, como el aquí abordado, debe limitarse a señalar que ella nos coloca ante la mencionada alternativa y, consecuentemente, nos abre la ocasión más seria para tener fe. Pero este es su límite. Él no puede dar ningún fundamento cierto para la fe (que, por otra parte, la haría superflua) ni tampoco especular acerca de qué sea y cómo acontezca ese sentido trascendente que la existencia espera. Un análisis pre-confesional, así concebido, no es religioso, pero sí coloca al existente humano ante su propia religiosidad. Ella acontece allí donde el hombre, como en el caso serio de la muerte, descubre que se encuentra instado a afirmar o negar la incondicionalidad de la relación a lo Absoluto o Dios, sin que «pueda deducirse de antemano y mucho menos garantizarse el logro de la salvación»[64].

Sin dudas no hay garantía de que la opción por la fe sea la correcta, pero puede que el análisis kierkegaardiano de la muerte nos ofrezca un indicio que legitime la decisión del caballero de la fe. Kierkegaard, como vimos, insiste en que la seriedad implica asumir el temor, incluso el horror, que la muerte provoca. Me pregunto si acaso ese horror ante la nada, del que se puede renegar, pero no negar, no *señala* un vínculo originario con lo Infinito. Me pregunto si no es legítimo interpretar el horror ante la muerte, que la existencia *padece*, como el modo mismo en que lo *no* finito se *inscribe en* lo finito. Me pregunto, en una palabra, si ese horror no *da testimonio* en contra de la nada. Si esto es así, entonces la decisión del caballero, tomada en virtud del absurdo, no es del

---

[64] Hermann Deuser, «Warum immer wieder Kierkegaard», en: Niels Jørgen Cappelørn y Hermann Deuser (eds.), *Kierkegaard Studies. Yearbook*, Berlín/New York, Walter de Gruyter, 2010, 3-20; 20.

todo insensata. Si esto es así, quizás el caballero, *sin saberlo*, se encamine hacia un país desconocido que se extiende más allá del reino de la noche.

Referencias bibliográficas

Obras de Søren Kierkegaard

KIERKEGAARD, Søren, *Las obras del amor*, trad. de Demetrio Gutiérrez Rivero, Salamanca, Sígueme, 2006

KIERKEGAARD, Søren, *Escritos de Søren Kierkegaard. Volumen 3: O lo uno o lo otro. Un fragmento de vida II*, trad. de Darío González, Madrid, Trotta, 2007.

KIERKEGAARD, Søren, *Los lirios del campo y las aves del cielo*, trad. de Demetrio Gutiérrez Rivero, Madrid, Trotta, 2007.

KIERKEGAARD, Søren, *La enfermedad mortal*, trad. de Demetrio Gutiérrez Rivero, Madrid, Trotta, 2008.

KIERKEGAARD, Søren, *Ejercitación del cristianismo*, trad. de Demetrio Gutiérrez Rivero, Madrid, Trotta, 2009.

KIERKEGAARD, SØREN, *In vino veritas*, trad. de Demetrio Gutiérrez Rivero, Madrid, Alianza Editorial, 2009.

KIERKEGAARD, Søren, *Escritos de Søren Kierkegaard. Volumen 5. Discursos edificantes. Tres discursos para ocasiones supuestas*, ed. y trad. de Darío González, Madrid, Trotta, 2010.

KIERKEGAARD, Søren, «Referencia acerca del matrimonio en respuesta a algunas objeciones», en: Kierkegaard, Søren, *Kierkegaard*, trad. de Demetrio Gutiérrez Rivero, Madrid, Gredos, 2010, pp. 479-573.

KIERKEGAARD, Søren, *Escritos de Søren Kierkegaard volumen 4/1. La repetición. Temor y temblor*, trad. de Darío González y Oscar Parcero, Madrid, Trotta, 2019.

Literatura secundaria

BANSER, Ann Kathrin y BODE, Philipp, *Selbstwerden. Über das Selbst als Aufgabe und die Möglichkeit seiner Realisierung bei Søren Kierkegaard*, Wurzburgo, Könighausen & Neumann, 2018.

BOLDT, Joachim, *Kierkegaards «Furcht und Zittern« als Bild seines ethischen Erkenntnisbegriffs*, Berlín/Nueva York, Walter de Gruyter, 2006.

CAPPERLØRN, Niels Jørgen, «Entweder-Oder in der religiösen Strategie von Kierkegaards Gesamtwerk», en: Deuser, H. y Kleinert, M. (eds.), *Sokratische Ortlosigkeit: Kierkegaards Idee des religiösen Schriftstellers*, Friburgo/Múnich, Alber, 2019, pp. 25-81.

DEUSER, Herrmann, «Warum immer wieder Kierkegaard», en: N. J. Cappelørn y H. Deuser (eds.), *Kierkegaard Studies. Yearbook 2010*, Berlín/Nueva York, Walter de Gruyter, 201, pp. 3-20.

FIGUEROA WEITZMAN, Rodrigo, «Kierkegaard y el matrimonio», *Veritas*, 30 (marzo 2014), pp. 83-104.

GABASŎVÁ, Katarina, «Kierkegaard y el concepto de la muerte en el contexto del turismo Oscuro», *Sincronía*, 65, pp. 71-80, 2014.

GARCÍA PAVÓN, Rafael, «Regine y Kierkegaard: la ocasión de un primer amor como único amor. Experimento lírico cinemático», *Estudios kierkergaardianos*, 8 (2022), pp. 93-119.

GEISMAR, Eduard, *Søren Kierkegaard. Seine Lebensentwicklung und seine Wirksamkeit als Schrifteller*, Gotinga, Vandenhoeck & Ruprecht, 1929.

GONZÁLEZ, Darío, «Estudio introductorio», en: Kierkegaard, S., *Kierkegaard*, trad. de Demetrio Gutiérrez Rivero, Madrid, Gredos, 2010, pp. XI-CXIII.

GONZÁLEZ, Darío, «Introducción», en Søren Kierkegaard, *Escritos de Søren Kierkegaard. Volumen 5. Discursos edificantes. Tres discursos para ocasiones supuestas*, trad. de Darío González, Madrid, Trotta, 2010, pp. 11-23.

GONZÁLEZ, Darío y Parcero, Oscar, «Introducción», en: S. Kierkegaard, *Escritos de Søren Kierkegaard volumen 4/1. La repetición. Temor y temblor*, Madrid, Trotta, 2019, pp. 1-18.

GRØN, Arne, *Angst bei Søren Kierkegaard. Eine Einführung in sein Denken*, Stuttgart, Klett-Cotta, 1999.

HEIDEGGER, Martin, *Gesamtausgabe Band 63. Ontologie (Hermeneutik der Faktizität)*, Fráncfort del Meno, Vittorio Klostermann, 1995.

HEYMEL, Michael y MÖLLER, Christian, *Das Wagnis, ein Einzelner zu sein. Glauben und Denken Sören Kierkegaards am Beispiel seiner Reden*, Zúrich, Theologischer Verlag, 2013.

JASPERS, Karl, *Psychologie der Weltanschauungen*, Berlín, Springer, 1919.

KUDER, Paul, *Heideggers Kierkegaard*, Baden-Baden, Nomos, 2016.

LLEVADOT, Laura, «Hacer la verdad: El 'yo' de la confesión en Kierkegaard, Foucault y Derrida», *Estudios Kierkegaardianos*, n.º 1, 2015, pp. 149-168.

MILCHERT, Thorsten, *Christliche Wurzeln der Todesphilosophie Heideggers. Untersuchungen zu Sein und Zeit*, Marburgo, Tectum, 2012.

PARCERO OUBIÑA, Oscar, «Temor y temblor, o la singularidad del silencio», *Anales del Seminario de Historia de la Filosofía*, 40 (1), 2023, pp. 83-93.

PAREYSON, Luigi, *Kierkegaard Himeneo*, trad. de Constanza Giménez, Santiago de Chile, Beuvedrais editores, 2008.

PIEPER, Annemarie, *Søren Kierkegaard*, Múnich, C.H. Beck, 2014.

SCHREIBER, Gerhard, «Glaube und Unmittelbarkeit bei Kierkegaard», en: Cappelørn, N. J., Deuser, H. y Söderquist, B. (eds.), *Kierkegaard Studies. Yearbook 2010*. Berlín/Nueva York, De Gruyter, 2011, pp. 391-425.

SUANCES MARCOS, Manuel, *Sören Kierkegaard. Tomo II: Trayectoria de su pensamiento filosófico*, Madrid, Universidad Nacional de Educación a Distancia, 1998.

THEUNISSEN, Michael, «Das Menschenbild in der Krankheit zum Tode», en: Michael Theunissen y Wilfred Greve (eds.), *Materialien zur Philosophie Søren Kierkegaards*, Fráncfort del Meno, Suhrkamp, 1979, pp. 496-510.

THEUNISSEN, Michael, *Der Begriff Ernst bei Sören Kierkegaard*, Friburgo/Múnich, Alber, 1982.

THEUNISSEN, Michael, «Das Erbauliche im Gedenken an den Tod. Traditionale Elemente, innovative Ideen und unausgeschöpfte Potentiale in Kierkegaards Rede an einem Grabe», en: N. J. Cappelørn, H. Deuser, y J. Stewart (eds.), *Kierkegaard Studies. Yearbook 2000*, Berlín/Nueva York, Walter de Gruyter, 2000, pp. 43-70.

TIELSCH, Elfriede, «Kierkegaard und die Phänomenologie der Ehe», *Zeitschrift für philosophische Forschung*, 11 (1957), pp. 161-187.

THONHAUSER, Gerhard, *Über das Konzept der Zeitlichkeit bei S. Kierkegaard mit ständigen Hinblick auf Martin Heidegger*, Friburgo, Alber, 2011.

THONHAUSSER, Gerhard, *Ein rätzelhaftes Zeichen. Zum Verhältnis von Martin Heidegger und Søren Kierkegaard*, Berlín/Boston, Walter de Gruyter, 2016.

WAHL, Jean, *Études Kierkegaardiennes*, París, Vrin, 1967.

WELTE, Bernhard, *Sterben. Der Ernstfall der Hoffnung*, Fráncfort del Meno, Josef Knecht, 1998.

WENNERSCHEID, Sophie, *Das Begehren nach der Wunde. Religion und Erotik im Schreiben Kierkegaards*, Berlín, Matthes & Seitz, 2008.

ÍNDICE